「つい感情的になってしまう」あなたへ

精神科医が教える心の平和を守るコツ

精神科医・医学博士
水島広子

河出書房新社

はじめに　もう感情に振り回されない！

「つい感情的になって言いすぎてしまい、いつも後悔する」

「キレてしまう自分を抑えられなくて、人間関係がギクシャクする」

そんなことはありませんか？

「感情的になりたくない」と思っている人は多いと思います。

理由は様々でしょう。例えば……

・「感情的」になる自分が未熟に感じられて情けない
・「自分は本当はこんな人間ではないのに」と落ち込んでしまう
・不機嫌になってばかりで「つき合いにくい」と思われる
・取り返しのつかないことを言ってしまい、人間関係を壊してしまう
・一度でも「感情的」になってしまった相手とはしこりが残り、それまで通り

の関わり方ができなくなる
・冷静に話ができない人間だと思われて仕事を任せてもらえない
・「感情的」にエキサイトしてしまい、仕事ややるべきことが滞ることがある
・「パワハラ上司」「ヒステリック」「すぐキレる」などと言われて敬遠されがちになる

もちろん「感情的」という場合、「怒り」に振り回されるだけではありません。「不安」にさいなまれることもあるでしょう。

・彼に愛されているか不安で、つい束縛してしまう
・結果が出せるか不安でたまらなくなって、仕事が手につかない

「感情的」になることは、このように人間関係や仕事に大きく影響しますが、そもそも自分にとっても大変不快なことです。

「感情的」になっている間、私たちの心にやすらかな幸せはありません。

例えば、本来くつろぐはずの我が家で、ついつい妻の家事の仕方にキレてしまって家でも心が休まらない、となると明らかにＱＯＬ（クオリティオブライフ＝人生の質）は低下するでしょう。

もちろん、そんな姿勢で家族と接していると、危機的な状況にも陥りかねません。自分としては単に本音で接しているつもりだったけれど、妻から「そんなにいつも不機嫌な人とはやっていけません」と突然離婚をつきつけられるかもしれません。

「私は感情は我慢できるから、問題ない」という人も注意が必要です。

なかには「感情的になっていない」のではなく、「感情的」になるのは見苦しいから、「感情的になっていないふりをしているだけ」という人もいるからです。自分の中に渦巻く感情を我慢することはかなりのストレスですし、我慢したままでは相手とのやりとりに心から集中することなどとてもできません。

つまり、「自分は感情的になりやすい」という人も「感情を我慢できる」という人も、「感情的」にならないようにと生きていくことで、とても不自由になります。「感情的になりそうな状況」を避けるようになるからです。

これが、「感情的」になることの本質的な問題です。

「感情的」になった自分をコントロールするのは難しい。だから、いつも「感情的」にならないようにしなければ。

これでは、感情に人生を乗っ取られてしまうようなものです。

つまり、「感情的になること」にも、「感情的ではないふりをすること」にもメリットはないのです。

そのことを理屈ではわかっていても、なぜ私たちは「感情的になって」しまったり、「感情的ではないふり」をしてしまったりするのでしょうか。

本書では、この「なぜ」から読み解き、

・ムカッという反応を「感情的になる」ところまで発展させない方法
・感情を我慢することなく、「感情的」にならない方法
・「感情的」な相手に傷つけられない方法
・「感情的」な自分から脱する習慣

などをお伝えしていきます。

私は対人関係療法を専門とする精神科医として、またボランティアでのアティテューディナルヒーリング（ＡＨ）活動を通じて、さらに過去には衆議院議員として（政治も感情によるところがとても大きいのです！）、感情に振り回されてしまう人と多く関わってきましたが、ここでひとつだけ押さえておきたいことがあります。

「感情的」になるということは、感情の問題ではないのです。

驚かれたでしょうか？

「感情的」になるのは、感情の問題だと思う人が多いと思います。

だから、感情をどうにかコントロールしよう、というような対処法ばかりが試みられてきたのだと思います。

また、「感情的」になることのイメージの悪さから、感情そのものがやっかいな存在だと思ってきた人も多いのではないでしょうか。


実はこれは完全な「冤罪」で、感情には何の罪もありません。

むしろ、「感情を大切にする」ことは、「感情的にならない」ためのひとつの大きな前提だと言えるのです。


このあたりの仕組みは、本文でしっかり説明していきましょう！

今まで、「感情的になりたくない」と思って、いろいろな本を読み、やり方を試してみた方も、程度が軽ければ何とかなるけれども、感情がある程度を越えるとやはりダメだった方が多いのではないでしょうか。

また「感情を手放しましょう」「過ぎ去るのを待ちましょう」「気にしないでおきましょう」と言われても、「それができれば苦労しない！」と思ってしまう方もいるでしょう。

そんな方たちに、「感情的」の仕組みを詳しくご説明し、「感情的」になって損をしがちな人生を送るのではなく、感情を大切にして質の高い人生を送ることができるよう願いながら執筆していきます。

水島広子

「つい感情的になってしまう」あなたへ
Contents

はじめに　もう感情に振り回されない！　3

第1章 なぜ人は、「感情的」になってしまうのか？

そもそも「感情」って、何のためにある？　16
腹が立つのは「予定」が狂うから　19
もしも、ありのままの感情を言えたなら　22
ムカッとしたら「衝撃」があったかどうかを疑う　24
なぜ、他人を評価することが暴力になるのか　27
「ムカッ」を「感情的」へと発展させない方法　30
人を「感情的」にするのはある「思考」だった！　34
「感情的」の裏にある「バカにされたくない」気持ち　39
人は「感情的」になって、自分の心を守ろうとしている　42

自分を守りたいなら「キレる」より「説明する」 44
なぜ一度ミスをすると、繰り返しミスしてしまうのか？ 46

第2章 「感情的」な人は「自己肯定感」が足りない

「感情的」になることは、ＰＴＳＤに似ている!? 50
自己肯定感って何？ 56
「今は、これでいい」という感覚を持っていますか？ 58
トラブルの根っこには「役割期待」のズレがある 61
「わかろうとしてくれない！」がますます距離を生む 64
感情を活用することは「ポジティブ思考」とは違う 67
言いたいことを言えない理由 71
「不安」も言葉にすることでやわらぐ 78
自己肯定感の低い人が使いがちなフレーズ 83

第3章 お互いの「領域」がわかると、心がすっとラクになる

お互いの「領域」を尊重していますか？ 88
自分の「領域」に責任を持つ、ということ 92
「領域」に踏み込まれないようにするには？ 97
悪意のない相手へのムカムカには？ 100
アドバイスはなぜ暴力になるのか？ 104
ついアドバイスしたくなったら？ 108
「自分の正しい」と「他人の正しい」は違う 114

第4章 「正しさの綱引き」から、手を離してみませんか？

なぜ「正しさ」の主張が人を無力にするのか？ 118

「感情的」とは「正しさ」への執着　122
自分の「正しさ」を他人に認めさせたい理由　125
「正しさ」よりも「本物」の気持ちに注目　127
お互いの「正しさ」が違うときの対処法　130
自己肯定感が低いから、相手の意見を受け入れられない　133
パワハラしてしまいそうになったら　137
「許せない！」と思う自分を責めないこと　142

第5章 「つい感情的になってしまう！」がなくなる7つの習慣

習慣① 自分の体調を把握しておく　146
習慣② 「相手の問題」だととらえる　150
習慣③ 「親友ノート」を書く　153
習慣④ 「私」を主語にして考える　157

習慣⑤　「べき」ではなく「したい」で生きる　160
習慣⑥　その場から離れる　162
習慣⑦　「心のシャッター」を下ろす　165

第6章 どうする？「感情的な人」とのつき合い方

「パワハラ上司が怖い」場合は？　168
とっさの「言葉の暴力」には？　172
知らない人から突然キレられたら？　176
SNSでのトラブルには？　180
感情的なクレーマーには？　183
非定型発達の人の激しい怒りには？　186
おわりに　自分の強さに気づくだけでいい　189

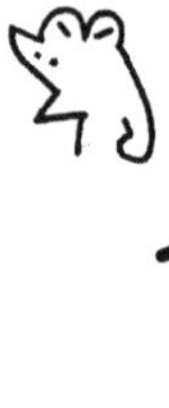

第1章

なぜ人は、「感情的」になってしまうのか？

そもそも「感情」って、何のためにある？

まず、なぜ人は「感情的」になってしまうのかを見ていきます。

「感情的」になるというのは、感情にとらわれてしまって冷静な考え方ができなくなっていること。だいたいそんな意味でしょう。

このニュアンスから、「感情的」になるのは感情の問題だと思っている人が多いわけです。しかし、「はじめに」でも触れましたが、感情そのものには実は何の問題もありません。

本書では、何の罪もない本来の感情を、カッコなしで感情、感情的になるときの困ったほうの感情を「感情的」とカッコつきで区別していきます。

では、このカッコなしの感情ですが、何のためにあると思いますか？

これは、人間に備わった自己防衛機能です。

例えば、「熱い」「痛い」などの身体感覚は、「その状況が自分の身体《からだ》にとってどういう意味を持つか」を知らせてくれます。

その結果として、「熱い」と感じれば、熱いものから手を引っ込める、「痛い」と感じれば、踏んづけたものを片づけたり傷の手当てをしたりという具合に、自分の身体を守ることができます。

そう考えると、「熱い」「痛い」などの感覚が備わっていない身体は本当に危険だと言えます。

同じように感情もまた、心の身体感覚みたいなものと考えるとよいでしょう。

例えば、「不安」というのは、安全が確保されていないときに湧いてくる感情ですが、不安を感じるからこそ慎重に様子を見たり、行動を控えたりすることができるのです。つまり、感情とは、

・その状況が自分の心にとってどういう意味を持つか

・その状況が自分という存在にとってどういう意味を持つか

を知らせてくれるものだと言えます。「感情的」と言ってまず思い浮かぶのは、怒りやイライラにとらわれる状態だと思いますが、では、「怒り」とは何を知らせてくれる感情なのでしょうか。

ひと言で言えば「自分が困った状態にあること」です。

自分は困ってなどいない、相手が間違っているから頭にくるのだ、と思う人もいるでしょう。しかし、相手が間違っているのだとしても、「自分の信じる正しさが通らない」という意味で、やはり自分にとって困った状態であると言えるのです。

ポイント

「怒り」は「自分が困った状態にあること」を教えてくれる

腹が立つのは「予定」が狂うから

「怒り」は「自分が困った状態にあること」を教えてくれると書きましたが、なぜ困るのか、その原因は様々です。

ここでは、その原因を見ていきましょう。

まず挙げられるのは「予定狂い」です。


【例】結婚記念日は高級イタリアンで祝おうと楽しみにしていたのに、妻に「友達と約束を入れてた」と言われ、「勝手にしろ！」と怒鳴ってしまった

この【例】は誰にも悪意がない、残念なケースです。

せっかく妻に楽しく幸せな時間を味わってもらおうとしていたのに、その妻がまったく別の予定を入れてしまっていた。

結婚記念日は当然夫婦で祝うものだと思っていた夫。

そうではなかった妻。

なぜそうなってしまったのでしょうか。

毎年祝う習慣がある夫婦であれば、妻の「ついうっかり」かもしれませんし、毎年お祝いできなくて後ろめたく思っていた夫が「今年こそは」と気合いを入れたのかもしれません。


いずれにしても、これは夫側から見れば明らかな「予定狂い」です。


夫にとっての予定は「高級イタリアンで素晴らしい夜を過ごし、妻が喜んでくれる」ことだったからです。

「感情的」になる最初の一歩はこのような「予定狂い」から始まるケースがとても多いと思います。

「え？」

「こんなはずじゃなかったのに」

「何で？」

という気持ちが、予定が狂うことによって出てくるからです。

私はこれを「予定狂いの怒り」と呼んでいます。

「予定狂い」で人間が怒りという感情を持つのは当然のことです。

何しろ、予定が狂って（狂わされて）困った状態にあるのですから、出てくる感情は怒りでしょう。

また、寂しさや悲しみもあると思います。

妻に拒絶された、というような色彩もあるからです。

とっさのことなので、この例で「感情的」になってしまうのは仕方がないと思います。

ポイント

怒りの裏には「予定狂い」がある

もしも、ありのままの感情を言えたなら

でも、もう少し考えてみましょう。

感情は自分に備わった大切な機能であることはお話ししました。

この場合の感情（怒りや寂しさ）は、

「この状況で、自分は困っている」

「この状況で、自分は妻の愛情を十分に感じられなくて寂しい」

ということを教えてくれています。

それをそのまま肯定することができたらどうでしょうか？

妻に「せっかく結婚記念日は高級イタリアンで祝おうと楽しみにしていたのに残念だし寂しい」と伝えたとしたら、妻側から優しい反応を引き出せたかもしれません。

しかも、このやりとりの全部が、今後の夫婦関係にとってプラスになったで

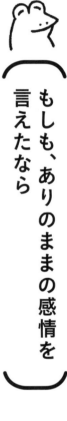

しょう。なぜなら、夫はそれほど結婚記念日を大切にしていて、大切な時間を妻と特別に過ごそうとしていた、ということを示せるからです。

しかし実際には、夫が「感情的」になってしまい、妻は「勝手にしろ！」と怒鳴られたことに傷ついてしまい……、と2人の関係の質を下げる結果になりました。

その結果、「もう、結婚記念日のお祝いなんてするものか！」という傷が夫の心にも残るでしょう。それは夫婦関係の様々なところに影響を与えていくはずです。

そんな心のすれ違いを避けるためには、どうしたらいいのでしょうか。

まずは自分の感情（怒り、寂しさ）に気づくこと。

そして、いったんは「こんな状態でこんな気持ちになるのは、人間として当然だな」と自分の感情を肯定することです。

ポイント

素直な感情を伝えれば、関係はこじれない

ムカッとしたら「衝撃」が あったかどうかを疑う

「予定狂いの怒り」とほぼ同じことなのですが、「衝撃による怒り」というものもあります。「予期せぬ衝撃」が人に与える影響はとても大きなものです。

【例】「そんなことも知らないの?」という友達のひと言に「感情的」になってしまった。すぐにムカついてしまう自分がイヤだ

この【例】で言うと、「そんなことも知らないの?」というひと言が衝撃になります。こんなことを、突然友達から言われるなんて思ってもいない人は多いはず。

ではなぜ、衝撃が「怒り」へとつながるのでしょうか?

人間は、もともと変化を「ストレスとして」受け止める傾向があります。

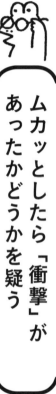

たとえ自分が望んでいた変化であっても、適応する上でいろいろと面倒な部分も出てきます。例えば、自分が希望するポストを自信満々で引き受けた場合であっても、順調にいくとは限りませんし、重い責任を引き受けたり、働き方を変えたりしなければならないなど、多かれ少なかれストレスを感じるでしょう。

人間の基本は「今まで通りにやっていれば何とかなる」なのです。

もちろん「次」への一歩も目指しますが、それはあくまでも自分のペースで、自分が望む方向にやっていくこと。

こうした「今まで通りにやっていれば何とかなる」という基本姿勢を、突然揺るがすのが衝撃です。ですから、衝撃を受ければ「攻撃」だと感じます。

攻撃への反応は様々。ただ固まったり、反撃に出たり、自分がダメだから攻撃されたのだ、と自信をさらに失ったりもするでしょう。しかし、たいていの場合「怒り」を感じ、ときには「感情的」になります。

もちろん、この【例】で言うと、発言した友人は「自分が相手を攻撃した」などという意識はさらさらないでしょう。

しかし、言われた本人にとってはやはり攻撃なのです。

なぜなら、人にはそれぞれ事情があるからです。

何を生まれ持ってきたか。

どういうふうに育てられたか。

どんな人が身近にいたか。

どんなことを体験してきたか。

それらは人によってそれぞれですし、その人にしかわかりません。

そんな事情も知らないで、「そんなことも知らないの?」(知っていて当然のことを知らないダメ人間だ)と相手に評価を下す姿勢自体はとても暴力的なのです。

ポイント

衝撃を受けると、「攻撃」と感じる

なぜ、他人を評価することが暴力になるのか

先ほど評価には暴力性があることをお話ししましたが、評価もまた怒りをもたらします。「そんなことも知らないの？」と言った友達へのムカつきは「衝撃による怒り」と「評価による怒り」が含まれているのです。

では、どんな「評価」が攻撃となるのでしょうか？

評価には、客観的評価と主観的評価があります。

私は高速道路を時速１２８キロで走っていてスピード違反で捕まったことがありますが、そこに何の異論もありません。

１２８キロはスピード違反、ということは客観的な評価、つまり誰が下しても同じ評価だからです。

私は客観的な評価を**アセスメント**と呼んでいて、病気の診断なども（一定以上の経験と能力がある人がするのであれば）アセスメントだと思っています。

一方、主観的評価（私が**ジャッジメント**と呼ぶもの）は、あくまでもそのときのその人が、自身の経験や感覚に基づいて下しており、まさに文字通り主観的なものです。

主観的評価も感情同様、自分を守るものとして私たちに備わっている力です。安全に生きていくためには、様子を見て、「この人は優しそう」「この人はちょっと距離を置かないと怖い」という評価を下して、自分の身を守る必要があります。もちろん、相手をよく知るにつれて、最初の評価は少しずつ修正されていくことが多いでしょう。評価を下すこと自体には何の問題もありません。

問題なのは、「自分は自分で勝手に主観的な評価をしている」という自覚がなく、「自分の評価はみんなにとっても正しい絶対的真実だ」と思い込んでしまうことです。

主観的評価は、それを絶対的真実みたいに伝えられてしまうと、「決めつけ」という、大変暴力的なものになりうるのです。

例えば、

「君は本当に感情に任せて仕事をしているね。そんなことでは社会でやっていけないよ」

「君は仕事を甘く見ているんじゃないか。だから成果が出ないんだ」

などは相手を「感情に任せている」「甘く見ている」と決めつけています。

先ほどの【例】では「すぐムカついてしまう自分がイヤだ」とありますが、「そんなことも知らないの？」という奇襲（衝撃）と主観的評価を受けてムカつくこと自体、おかしなことは何もありません。

突然、ひどいことを言われたら、「怒り」をもって反応するのが人間として当然だからです。

ポイント

主観的評価は真実ではない

「ムカッ」を「感情的」へと発展させない方法

「予定狂いの怒り」「衝撃による怒り」「評価による怒り」を見てきました。

予定狂いに直面したり、衝撃を受けたり、評価を押しつけられたりすると、怒りや不安にかられるのは自然なことです。これは単に感情が、「今何が起こっているか」を教えてくれているだけなのです。

そこで、「今自分は困っている」と認めることができると、感情に振り回されることなく、困った状況を改善し始めることができます。

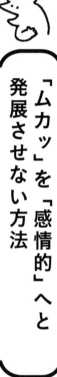

しかし、「感情的にならない」ようにするための典型的な例として挙げられるのが、「自分が持っている感情を否認して、ポジティブな感情に置き換えようとする」というものです。

あるいは、身体を動かす、空気を入れ替える、その場を離れる、など気持ちの切り替えを試みたり、目の前の仕事にコツコツ集中することで、感情が去るのを待つこともあるでしょう。

これらはたしかに役に立ちますが、それで手放せる感情は、基本的に軽いものだけです。

軽い感情に対しては、それほど難しくなく取り組むことができるでしょう。先ほど挙げたやり方でうまくいった人は、それ自体を否定する必要はまったくないと思います。

とはいえ、本書をお読みの方はそれでは解決しないところを知りたいのだろうと思いますので、「感情的」になるメカニズムから対処法までしっかりお話ししていこうと思います。本書では単に「気にしないようにする」のではなく、本質的な解決を目指していきましょう。

というわけで、最初のステップとしては、「通常は手放したほうがよいとされるネガティブな感情であっても、自然で、役に立つ感情として肯定する」こ

とが基本になります。

「怒り」を肯定するのは、状況によっては簡単なことではないでしょう。

とくに先ほどの「そんなことも知らないの？」の例のように、自分の「足りなさ」を指摘されたときは、「怒ったりしないで、謙虚に受け入れて成長するべき」というような道徳観もあるかもしれません（この「べき」については、「感情的」になる重要な要素として第5章で詳しくお話しします）。

しかし、突然ひどいことを言われたら誰だって怒りを感じるのです。それは生物として当然の反応と言えます。

ですから、「自分は突然ひどいことを言われて、傷ついたからムカついたんだな」と肯定してあげると、少し様子が変わってきます。

「相手の言うことを受け入れるべき」と思っているときと、「それにしてもひどいことを言われたな。大変だったな」と自分をいたわれるときとでは、「感情的」になる度合いもずいぶん違ってくると思います。

もちろん、後者のほうが「感情的」になりにくいのです。これは、この出来事を誰かに聴いてもらう状況をイメージすればわかりやすいでしょう。

例えば、「こんなことも知らないの、とバカにされた」と言ったときに、「ひどいこと言われたねえ」「そんなの知らなくても全然問題ないよ」と共感的に聴いてもらえた場合には「感情的」になるどころか、癒されると思います。

しかし、同じことを言ったときに、「たしかに知らなかったわけだし、バカにされたとか大騒ぎしすぎ。相手はあなたのことを考えて言ってくれたわけだし、ただ気にしなければいいじゃない」と言われたらどうでしょう。

ある程度以上の怒りを感じている人は、ますます「感情的」になってしまうのではないでしょうか。

ポイント

自分の感情を否定すればするほど、「感情的」になる

人を「感情的」にするのはある「思考」だった！

「予定狂いの怒り」も「衝撃による怒り」も「評価による怒り」も一時的な感情です。原因がわかれば、そこまで振り回されずに消えていくかもしれません。

しかし、この瞬間的な「イラッ」「ムカッ」を自分で量産してしまう場合があります。【例】で確認してみます。

【例】部下が言った仕事をせずに帰ってしまったため、ムカムカして仕事が手につかない

これも、「感情的」になるパターンとしてよく見られるものですね。

最初は、「してあるべき仕事を部下がしていない」という「衝撃」的な発見から始まります。これは上司にとっては「予定狂い」でもあるでしょう。

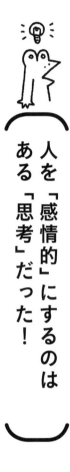

本来の予定は、「その仕事は部下によって終えられている」というものだったからで、それが狂うときに、私たちの多くは「ムカッ」とします。

ここまでは、人間としてごく当たり前のことで、何の問題もありません。

「ムカッ」という感情は、物事が予定通りに行われていないことを知った衝撃にともなう、発信音みたいなものです。

選択の余地が出てくるのは、その先です。

実は、この【例】のように、仕事が手につかないほどに「感情的」になってしまうときには、感情を自分で量産してしまっている可能性が高いのです。

最初は予定狂いや衝撃への反応だったにすぎないものが、そのあと「言われた仕事をやらないで帰るなんて、何を考えているんだ」「俺をバカにしているんじゃないか」と考え続けることで、ムカムカが量産されてしまいます。

つまり、「感情的」になるのは、感情の話ではなく思考の話なのです。

これはとても大切なところです。

出来事にとりあえず反応して出てくる感情そのものは自然なもので、何の問題もありません。

「予定狂い」「衝撃」「評価」という攻撃に反応しただけです。

しかし、「俺をバカにしているんじゃないか」などと考え続けていると、事態は一変します。人はここではじめて「感情的」になってしまうのです。

このような「人を感情的にさせやすい思考」を、本書では「感情的思考」と呼んでいきたいと思います。

最初の「衝撃」などに対する「ムカッ」は仕方ないとしても、その後もムカムカし続けることに現実的なプラスはありません。

現に部下は帰ってしまっており、仕事をさせることはできないからです。

さて、こうした状況になった場合、どうすればいいと思いますか？

「ムカムカしても仕方がないから手放すべき」

「ムカムカをコントロールすべき」

と思うでしょうか。

軽いものであれば手放せるかもしれません。

先ほどもお話ししたように、例えば、身体を動かす、外に出るなど身体を別の条件に置けば手放しやすくなります。

このあたりは、いろいろと工夫できるところです。

しかし、それでもうまくいかないときには、「ムカムカをコントロールすべき」という考え自体が事態を悪化させている場合があります。

つまり、ムカムカを抑えようとすればするほど、よりいっそう「感情的」になってしまうのです。


なぜなら、ムカムカをコントロールできない自分にもムカムカしてくるからです。そして、ムカムカに頭を乗っ取られてしまうのです。

結果として、自分だけがイヤな気持ちを味わい続け、ひどい目に遭い続けてしまうことになります（部下はどこかで楽しくやっていることでしょう）。

では、どういうふうに考えればよいかを見ていきましょう。

ポイント

「感情的思考」が「怒り」を量産する

「感情的」の裏にある「バカにされたくない」気持ち

まず、「言われた仕事をやらないで帰るなんて、何を考えているんだ」という思考を見ていきます。

もちろん、ここでムカッとしてしまう原因のひとつは、部下が仕事をやらずに帰ったことに「衝撃」を受けたからです。

しかしこの程度の衝撃では、怒りが長続きすることはありません。

家具に足の小指をぶつけてあまりの痛みに固まっても、数分すれば落ち着いてくるように、時間の経過とともにやわらぐのが普通です。

とくにこの場合、上司である本人にも実際にやらなければいけない仕事があるのですから、それに黙々と取り組んでいけば「衝撃」の影響は軽くなっていくはずです。にもかかわらず、いつまでもその思考にとらわれてしまうのだとしたら、その理由は何でしょうか？

それは、部下が仕事をせずに帰ってしまった、ということから、「自分をバカにしているのではないか」という思考が出てくるからだと思います。

単なるやり忘れではなく、「自分はバカにされている」という思考は、次々と怒りや屈辱感を生み続ける「感情的思考」です。

こうした思考は、「感情的」になる場合、はしばしに見られます。「バカにされている」とまで思わなくても、「自分は尊重されていないのではないか」というくらいであれば、ほぼ全例に見られるでしょう。

例えば、その辺で人とぶつかってしまったとき、謝るか謝らないかで「感情的」になるのも、「バカにされているかどうか」に絡《から》んだ話です。

こうした思考は自分自身を弱い存在にしていくのですが、それは後でお話しするとして、ここでは、「効果」に注目してみたいと思います。

果たして、「自分をバカにしているのではないか」と思ってムカムカし続けることが、「バカにされない」結果につながるでしょうか。

そもそも、目の前に相手がいないのですから無理でしょう。

「感情的」になって電話をかけることはできるかもしれません。

しかし、それによって相手の尊敬を勝ち取ることができるか、というと答えは「NO」だと思います。それどころか、「感情的」になって電話をかけてくる上司は部下から「小さい」と思われるだけではないでしょうか。

社会全般に、自分を冷静にコントロールできていない、という意味で「感情的」になる人は未熟だと思われがちです。

つまり、「自分をバカにしているのではないか」ということに対して申し立てた異議は、さらにバカにされてしまう結果につながりかねないのです。

ポイント
バカにされないようにすればするほどバカにされる

人は「感情的」になって、自分の心を守ろうとしている

感情が自己防衛のために備わったものだということはお話ししました。痛覚が身体を守ってくれているように、人はムカッとすることで「自分に何か被害があること」を知り、自分の心を守っているのです。

そう考えてみると、「感情的」になることは、的外れなやり方ではあるものの「自分の心を防御している」と言えると思います。

しかし、「感情的」になるという守り方は効果的ではないどころか、よりいっそう自分を危険にさらすことになるでしょう。

最初は、予定狂いや衝撃への単なる反応だったはずなのに、自分を守るために「感情的」になることで、自分も苦しみ、場合によっては相手からバカにさ

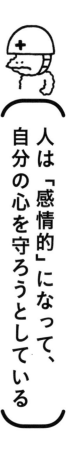

れたり、反撃を受けたりする……。

こうした不適切な自己防衛を、本書では「的外れな防御」と呼んでいきます。

変な言葉です。「過剰防衛」のほうがわかりやすいかもしれません。

「過剰防衛」とは（法律にもある言葉です）、防御の目的で行うことが過度に激しくなってしまうことです。しかし、ここでいう「的外れな防御」は、「過度」なのではなく「方向が違う」ということなのです。

つまり、自分を守ろうとしてやっているはずのことが、まったく自分を守ることにつながらないということ。先ほどの例ですと、部下が仕事をしないで帰ってしまったことにムカムカしても、部下からの尊敬を勝ち取るどころか、むしろ危機対応が下手な上司としてバカにされかねないということです。

ポイント

自分の中の「的外れな防御」に気づく

自分を守りたいなら「キレる」より「説明する」

もうひとつ【例】を見てみましょう。

【例】今夜は初デートの約束なのに、上司からいきなり残業命令！　思わず「こんな会社辞めます」と言ってしまった

これはひどい予定狂いですね。ショックを受けるのも、ネガティブな感情にとらわれるのも当然です。しかし、「こんな会社辞めます」と思わず言ってしまうのは、やはり「的外れな防御」です。この場合、「予定狂い」に加えて、「自分が尊重されていない」という「感情的思考」が強く働いているはずです。

自分にとってとても貴重な時間を、さも何の意味もないように扱われるというのは自分が人として尊重されていない感じがして当然です。

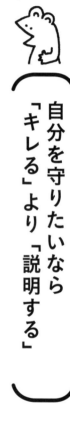

ですから、キレることで理不尽な会社から自分を守ろうとしたのかもしれませんが、本当の意味で守ることにはならず、「キレやすい人間」とみなされて職場での居心地も悪くなるだけです。もしも上司がその場で「辞めます」発言を文字通り受け取って退職、などということになったら仕事を失うことにもなります。

ここで自分を守るためには、本来「今日はどうしても外せない用事があるのですが」と伝えて、それを聞き入れてもらうことが必要です。

ただキレているだけでは、相手はどうしてほしいのかがわかりません。

「今日はどうしても……」と事情を話して上司に相談したほうが、全体的に見てずっと自分を守ることにつながると思います。

ポイント

キレるのも「的外れな防御」である

なぜ一度ミスをすると、繰り返しミスしてしまうのか？

「的外れな防御」が引き起こすのは「怒り」だけではありません。

【例】を見ていきます。

【例】ミスしたことで不安になって、ますますミスを重ねてしまった

「感情的」になるとは、理性を失って感情に走る様子を言いますが、「怒り」だけではなく「不安」もまた、そうした状態につながりやすい感情です。そして「怒り」同様、「感情的思考」によって増殖する性質もあります。

ミスをする、というのは衝撃的なことです。いつも通りにやっていたはずが、突然ミスに気づく（指摘される）、ということだからです。

衝撃を受けると人は「二度と衝撃を受けたくない」と警戒しますから、「またミスしたらどうしよう」という思考にとらわれ、さらに集中できなくなって、ミスを重ねる、ということになってしまいます。

この場合も、衝撃への反応だけでなく「自分はミスしやすいのだろうか」「またミスをしたら評価が下がってしまう」などという「感情的思考」が発動します。そして、ますます不安にさいなまれ、次のミスにつながってしまうということになるでしょう。

この「不安でたまらなくなってミスを重ねてしまう」状態も「的外れな防御」の一種ですが、衝撃を受けたときは、心身は「二度と衝撃を受けたくない」モードに入ってしまうため、やむを得ない側面があります。

しかし、「自分は衝撃を受けたのだ」という自覚があれば、落ち着くまで少し待つなど、「的外れな防御」をしてさらに傷つくという事態をコントロールできるようになります。

少なくとも、「今は衝撃下にあるのだから普段よりも注意が必要」というふうに考えられれば、この時期をもっと上手に過ごせるはずです。

ここまで「感情的」になるということを見てきましたが、「感情的」になるとは「的外れな防御」をしてしまっていると言えるでしょう。

「感情的な人は未熟だと思われる」などという次元の話ではなく、「自分をまったく守れていない」という深刻な問題なのです。

ですから本書は、自分を正しく守れるようになるための本、と考えてくださ い。自分を正しく守るためには、感情を上手に活用することが必要です。

その方法も、見ていきましょう。

ポイント

自分が衝撃を受けたことに気づけば、対処できる

第 2 章

「感情的」な人は「自己肯定感」が足りない

「感情的」になることは、PTSDに似ている!?

前章では、人が「感情的」になってしまうカラクリを見てきましたが、同じ状況ですべての人が「感情的」になるわけではありません。「感情的になりやすい人」と「そうでもない人」の違いはどこにあるのでしょうか。

まず、「感情的」になりやすい人の特徴のひとつに、「実は自分の本当の感情がよくわからない」ということが挙げられます。

その極端な例がＰＴＳＤという病気です。

「感情的になりたくないから読んでるのに、ＰＴＳＤなんて関係ないわ」と思われるかもしれませんが、「感情的」というテーマと深い関係があるので、しばらくおつき合いください。

まず、ＰＴＳＤですが、これは「心的外傷後ストレス障害」の略で、衝撃的な体験によって心にダメージを受け、時間が経った後も様々な症状が引き起こされる心の病のことを言います。

例えば、戦地で危険な目に遭った人が、平和な環境にいても、いつまでも他人や周囲を警戒し、ピリピリしているような状態です（覚醒亢進《こうしん》症状と呼ばれます）。たしかに危険な状況では、それが適切な防御の仕方だったのかもしれませんが、安全な環境にいる今となっては「的外れな防御」と言えるでしょう。

なぜ、安全なのに防御してしまうのでしょうか。

それは、ＰＴＳＤの人は、「世の中は危険だ」「人は自分を裏切るものだ」というような色眼鏡（評価）を通して世界を見ているからです。

これはＰＴＳＤの人にだけ言えることではありません。

私たちは通常こうした「自分の評価」を通してものを見ています。自分がこれまでに作り上げてきたデータベースを通して見ている、とも言えるでしょう。

「感情的になりがち」な人も様々なデータベースを持っています。

例えば、「人は私をバカにしがちだ」というデータベースがあれば、自分と話している間にあくびをした相手に対して、通常なら「疲れているのかな？」と思うところを、「私をバカにした」ととらえます。

さて、ＰＴＳＤに対してはいろいろな治療がありますが、私が専門とする対人関係療法では、感情を大切にすることが治療になります。


なぜなら、あまりにもトラウマティックな環境に置かれてきた人は、自分の感情を感じることができなくなっているからです。


体験したことがつらすぎるので、感情を麻痺させたり、現実感をなくしたりすることで何とか生き延びようとするメカニズムが働きます（もちろん無意識にです）。例えば、小さい頃にひどい虐待やいじめを受けるなど、物理的に逃げ出せない環境にいると、精神的に「逃げる」ようになります。

これは「解離」と呼ばれる様々な症状につながりますが、もっとも顕著なものはいわゆる「多重人格」（解離性同一性障害）ですし、ある一定期間の記憶を失ってしまうこともあれば、現実感がなくなる程度の場合もあります。これらは、いずれの場合も、自分の感情と向き合わないための症状なのです。

対人関係療法では、治療という安全な場において、自分の感情を感じられるようになること、そして、感情に応じて自分の環境をよりよいものにしていくことが治療の中心になります。自分の感情に向き合い、それを安心できる人に伝えていくことで、他人、そして自分への信頼感を取り戻していくことができるのです。「安心できる人」と書きましたが、実は、自分の本当の感情は、安全な環境でしか出てきません。これは大きな意味を持ちます。

【例】友達から「もっと言いたいことを言ってよ」と言われたけど、小さい頃から「我慢しなさい」と言われてきたので、言いたいこととかわからない

この【例】のように、幼い頃からの習慣で感情にアクセスしにくい人は案外います。例えばアルコール依存症になる人は、自分の感情から逃げようとして

いる場合が多く見られますが、これは「困っていること」を言葉で表現して助けてもらうという習慣がないので、お酒で苦しいことから逃げようとするのです。

【例】離婚して以来、ワーカホリックになった。仕事をしていないと落ち着かないし、仕事をしない人を見ると腹が立つ。自分がパワハラ上司になっている気もする

これは「心の寂しさ」に向き合わずに、とにかく、仕事仕事となっている例ですが、こんなやり方をしていたらどこかで折れてしまうでしょう。

離婚をした自分の感情（寂しい、むなしい）にアクセスすれば、「そうだよね、離婚ってすごく悲しいよね」と優しく自己受容していくことができます。

もしも、感情に蓋《ふた》をして「仕事で生きていくのだ」と開き直ってしまったらどうなるでしょうか。つねにピリピリしていたり、周囲との関係も悪化させてしまいかねません。

こんなふうに見てくると、自分の感情にアクセスすることの大切さがわかると思います。自分では気づかなくても心身は何かを感じ、それは症状として表れます。そう考えると人間はよくできているものだと思います。症状が出ることで、必要なサポートにつながる場合が多いからです。

離婚などによる心の傷を持つ人も、そうでない人も、安全な環境で本来の感情を感じられるようになることが、健康に生きていくための第一歩です。

「我慢しなさい」などと言われ続け、「ネガティブな感情を持つことは悪いこと」と育てられてきた人は、自分がいかに「危険な」環境にいたのかを認識するところから始まるのだと思います。

ポイント
気づかなくても、心身はつねに何かを感じている

自己肯定感って何？

PTSDもそうですが、心の病を持つ人は、自己肯定感が低い人が多いようです。自己肯定感とは「ありのままの自分を無条件に肯定する気持ち」のことを言います。これは健康的に幸せに生きていくためにとても重要なものですが、「感情的」になりやすいこともまた、自己肯定感の低さと強く関連していると思っています。

「感情的」な人は攻撃的に見えることが多いですから、「むしろ自己肯定感が高いのでは？」と思われるかもしれませんが、明らかに違います。

自己肯定感はいわば「心の空気」のようなものです。

空気がなくなってくると苦しくなりますし、生命にも関わってきますが、まさに自己肯定感も同じようなもので、低下すると苦しくなりますし、生きづらくなるのです。形としていつも見えているわけではないけれど、なくなってくると様々な症状が出てきます。

自分には価値がないと感じたり、自分の人生には価値がないと感じる。自分は人から愛されない、人から大切にされない、という感覚になる。そして何よりも、自分が自分を大切にできなくなる。

自己肯定感がそれなりにあれば、「まあ、何とかなるだろう」という穏やかな安心感が得られます。

しかし、自己肯定感が低いときの私たちは、とにかく自分のダメなところ探しで忙しいものです。そんな状況において、心の安定はありません。

ポイント

自分のダメなところ探しが人を「感情的」にさせる

「今は、これでいい」という感覚を持っていますか？

もう少し「自己肯定感」について見ていきましょう。

そもそも私たちは、それぞれが尊重されるべき存在です。

「努力しない人間は尊重されるべきではない」

「結果を出さなければ、人から認められない」

そんなふうに思う方もいるかもしれませんね。

しかし、人間には様々な事情があります。

様々な事情があっての、「今」なのです。また、何といっても人間は生き物です。休息も必要ですし、できることには限度があります。

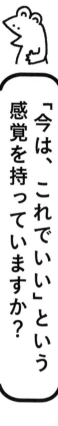

いくら「もっとがんばらなければ」と思っても、必ずしもできるわけではないのです。

そう考えれば、たいていの状況において「今は、これでいい」という結論しか出ないと思います。

明日はもっと進歩したい。でも、ここまでの事情を考えれば、「今は、これでいい」。こうやって今の自分を肯定する上にしか、本当の進歩はありません。

「今は、これでいい」という感覚がないと、土台が壊された上に次を築いていくことになりますので、どこかで崩れてしまいます。

また、何かあったときに冷静な判断もできず、とにかくやたらめったら弾を撃つ、まさに「的外れな防御」状態になる可能性もあります。

それは、ゴキブリ恐怖症の人が、ゴキブリの気配を感じるとともにかくやたらと殺虫剤のスプレーをまき散らす感じです。

そこにゴキブリがいるのか、それがもっとも効果的な使い方なのか、環境は大丈夫なのかなどを考えることはできません。

とにかく「ゴキブリ、怖い！」という感覚に基づいて、大暴れするのです。

「感情的」になるというのは、それと同じだと思います。

冷静に計算すれば、別の、もっと効果的なやり方があるはず。

でもとにかく目先の「やられた！」「何でわかってくれないんだ！」という感覚に基づいて、やたらめったら「やり返す」という感じなのです。

しかし、この「やり返し」は、あくまでも本人にとっての見方。

「感情的」になられてしまった側は、相手が本当のところ何を求めているのかわからないですし、周りの人たちも不穏な雰囲気になってしまいます。

本当に自分を防御したければ、本来の感情に素直に基づいて、冷静に行動していく必要があります。何かにムカッとしたら、自分が困っているということを認め、誰かに助けてもらうなどの改善策を考えましょう。

そうやって、「自分は、今はこれでよいのだ」と自己肯定感を持ちながら、「目の前の出来事に対処しよう」と思えれば、「感情的」にならずに、冷静に取り組むことができます。

ポイント
「今は、これでいい」という感覚を養う

トラブルの根っこには「役割期待」のズレがある

まず、【例】を見てください。

【例】仕事で落ち込んでいると夫に言ったら、慰めてくれず「俺なんて」と自分の愚痴を言い出したので絞め殺したい気分

この場合、妻はどう考え、どういう行動をとったらいいのでしょうか。

それをお話しする前に「役割期待」という概念についてご説明します。

「はじめに」でも触れましたが、私は対人関係療法という精神療法を日本に導入し専門にしています。これは身近な人との関係性と病気の症状が相互に関連し合っているという理解のもとに行われる治療法ですが、ここで使われるのが「役割期待」という概念です。

それは、「誰かに対して不満を持つのは、その人が期待通りの役割を果たしてくれていないから」という考え方です。

この【例】では、妻が夫に「私が仕事で落ち込んでいると言ったら、慰めてくれる」という役割を期待していたところ、現実の夫は自分の愚痴を言い出した、というズレがあります。こうした「役割期待」をめぐるズレについてはいろいろな形で扱っていくのですが、ここでは、「その期待は夫にとって現実的か？」という見方をご紹介しておきましょう。

個人差はありますが、多くの男性が、実は相手の顔色やニーズを読むのが苦手で、人の顔色を読むのは女性のほうが全般的に得意です。顔色を読むのが難しいということは、自分が何を期待されているのか、「言葉で伝えられないとわからない」ということです。

ここで夫への期待を「仕事で落ち込んでいるから慰めて、と頼めば慰めてくれる」という役割に変更してみたらどうでしょうか。

そう言われたらできるという夫は多いはずです。夫が愚痴を言い始めたら、

「ちょっと待って、今日は私の愚痴を聴いてほしいの。お願いね」と言えばよいでしょう。男性は課題達成型の人が多いですから、「これをやって」と伝えられたことにはきちんと取り組んでくれると思います。

妻に「怒り」が湧いたのは、自分の「役割期待」に夫が応えてくれないからですが、これもまた「予定狂いの怒り」です。自分がどんな「予定（期待）」を持っていたのかがわかれば、現実を自分にとってよりストレスの少ないものにすることができるでしょう。

これが「感情を活用する」ということです。

具体的には、夫に「仕事で落ち込んでいるから慰めて、と頼む」ということになります。

ポイント

「役割期待」のズレは修正できる

「わかろうとしてくれない！」がますます距離を生む

感情を活用すれば「感情的」にならないですむとお話ししてきましたが、実際には、この夫婦のような状態になったら、多くの人が「感情的」になると思います。どうしてそうなるのでしょうか。

それは、自分自身の愚痴を言う夫を見て、

「私のことをわかろうともしていない！」

「私のことを尊重していない！」

という思考にとらわれるからです。

これはまさに、36ページでお話しした「感情的思考」。

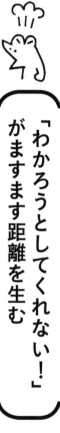

こうして妻が「感情的」になってしまうと、夫は反発するでしょうし、少なくとも「自分が何を求められているのか」はわからないままでしょう。

最悪の場合は、妻の気持ちは何も伝わらず、「更年期か」と思われてしまうことにもなりかねません。

「感情的思考」にとらわれると、目の前の夫そのものを見るのではなく、「私のことをわかろうともしていない！」「私のことを尊重していない！」という思考だけを見続け、そこから次々と怒りが湧いていきます。

それは、夫が愚痴をやめてもなお続くでしょう。場合によっては「別れたほうがいいかも」というレベルまでエスカレートしてしまうかもしれません。

これが「感情的」になる流れです。

当初の問題を離れて、自分の思考が「感情的」な感情を生み出し続けてしまうのです。

「感情的で話にならない」と言われるようなケースでは、話し合おうとしても「感情的思考」にとらわれてしまっているため、話がどうしてもズレてしまいます。

例えば、先ほど「愚痴を言い出した夫に対して、ちょっと待ってと言って役

割期待を伝え直す」という解決策を書きましたが、それに対して、

「え？　そこまで言わないとわからないの？」

と腹立たしく思う人もいるでしょう。

「夫は私のことをわかろうともしていない！」「私のことを尊重していない！」と思う人にとっては、ここでの文章も「夫の味方をするんだ、ひどい」と感じられるかもしれません。

このように、同じ文章を読んでも、「そうか、こうやって解決できるんだ」と前向きになる人もいれば、「え？」と思う人もいます。

その違いが生まれる理由。それは、どういう思考を通して現実を見ているか、つまり世界の見え方が違うからです。

ポイント
「感情的思考」で、世界は違って見える

感情を活用することは「ポジティブ思考」とは違う

なお、どんな思考を通して現実を見るかで世界の見え方や感じ方が変わる、ということそのものは決して新しい視点ではありません。

例えば、いわゆる「ポジティブ思考」と呼ばれるもの。これはポジティブな思考を通して現実を見てみようという提案でもあります。

しかし、本書でお話ししているのは、「ポジティブ思考」とはまったく逆の話です。

なぜなら、「ポジティブ思考」の場合、ネガティブな自分の感情に対する「否定」があります。「ネガティブな感情はよくないからポジティブに」という考え方なのです。

しかし、そんなふうに自分の感情を否定してしまうと、その「無理」がたたって、どこかの時点で爆発したり燃え尽きてしまったりするのではないでしょうか。

自然な感情を否定するというのはとても不健康なことだと思います。

熱いものに触って苦痛を感じているのに「いやー、冷たくて気持ちいいですね」と言っているようなものなのですから。

本書では「自分のネガティブな感情を肯定する」ところから始めます。

先ほどの例で見てみましょう。

夫が妻の期待する役割を果たしてくれていないために、妻に「困っている」ことを示す感情である「怒り」が湧いてきます。

こうした感情は否定しません。

もちろん、この感情に「私のことをわかろうともしていない！」「私のことを尊重していない！」という「感情的思考」が加わると、どんどん「感情的」

になっていきます。

しかし、ここに「役割期待」という考え方を持ち込むと、ずいぶん変わってきます。


自分は相手にどんな役割を期待しているのか。

それはどの程度伝わっているのか。

こう考えることで、かなり冷静になることができます。

頭で考えるのが難しければ、それらを書き出してみましょう。

いろいろな気持ちは、頭の外に出したほうが対処しやすくなるからです。

「頭の外に出す」のは、治療の場で話したり、信頼できる友人に話してみることもそうですが、自分で紙に書いてみるというやり方も有効です。

そこで、「仕事で落ち込んでいるから慰めて、と頼めば慰めてくれる」に役割期待を修正し、それを夫に伝えることができたとします。

妻の目には新しい夫の姿が入ってくるのではないでしょうか。

妻の顔色を読むのが苦手ななりに、役に立とうとしてくれている姿。
不器用ななりに、話を聞こうとがんばっている姿。
これらを見ることができたとき、結果として、「私のことをわかろうともしていない！」「私のことを尊重していない！」という「感情的思考」も修正されていくはずです。

つまり、「感情的思考」は、現実の相手とのやりとりによって修正することができると言えます。

最初は「え？　そこまで言わないとわからないの？」と思うとしても、こうした夫の姿を見ることで、「感情的思考」は癒されていくのです。

ポイント

「感情的思考」は人とのやりとりで修正できる

言いたいことを言えない理由

「自分の期待する役割を伝えるのが大事だとわかっているけれど、なかなか伝えられない」という人も多いでしょう。なぜでしょうか。

【例】前から夫が靴下を脱ぎっぱなしにするのがイヤだった。細かいことでぐちぐち言うなと言われていたので、ずっと我慢していたけれど、突然カーッとなって「いい加減にしてよ！」と怒鳴ってしまった

ずっと我慢していた妻が、突然感情を爆発させてしまったのはなぜなのか、考えてみましょう。夫は脱ぎっぱなしの靴下について「細かいことでぐちぐち言わない」という役割を妻に求めていると言えます。

そして、妻は「夫は靴下くらい自分で片づけるべき」という役割を夫に対し

てずっと期待しています。しかし、夫は期待通りに動いてくれません。妻はそのことは我慢しつつ、夫から期待されている役割を果たそうとしています。

そのズレが、ストレスとしてだんだん積もっていったのです。

突然カーッとなったときは「ずっと我慢させられてきた」という思考も加わりますから、かなり「感情的」になるでしょう。

このように、かなり激しい感情が湧いてくる場合、そこには「被害者意識」が関連していることが多いのです。

「被害者意識」というのは、

「自分だけが損をしている」

「自分だけが犠牲を強いられている」

「何でいつも私だけ……」

というような感覚のことを言います。

この場合、妻の「被害者意識」はさしずめ「自分は大事にされていない」ということでしょう。

さて、妻に突然怒鳴られた夫はびっくりするでしょう。

それまで当たり前のように受け入れられてきたことが、突如として「感情的」に否定されたからです。

とはいえ、靴下を自分で管理する（少なくとも洗濯機に入れる）のは、大人であれば当たり前のこと。それをやらない夫に対して「イヤ」という感情を抱くのは当然のことです。

しかし、「せめて洗濯機に入れて」などと口で言わないと、夫は妻が何を求めているのかがわかりません。

この場合、妻側の対応策としては2つ考えられます。

対応策① 責める言い方を「お願い」に変える

「細かいことでぐちぐち言わない」という夫のセリフから妻は「また脱ぎっぱなしにして！」と責めていることが想定できます。

男性は責められることにとても弱いのです。「自分はうまくできているか」ということをとても気にするためです。責められるということは、「うまくできていない」わけですから、シュンとしてしまいます。

そして、攻撃的な態度をとったり、その話題全部をシャットアウトしてしまったりします。

靴下についての言い方が「責めている」調子になってしまっているのであれば、それを単に「お願い」に変えれば問題はありません。

もしも、妻の言い方に問題があった場合、「お願い」に変えることで、夫の行動が変わり、妻自身が「感情的」になることも減っていくでしょう。

妻からしたら「靴下を自分で管理するのは当たり前のことなのに、わざわざお願いするの？」と思うかもしれませんが、実は「自分はうまくできているか」ということを気にしてびくびくしていた、という夫の姿を思い描いてみると、少しは優しくなれると思います。

さて、もうひとつの対応策ですが、それは、お願いしてもなお「細かいことでぐちぐち言わない」と夫が主張する場合です。

こちらから「お願い」しているのに、夫から「全面的に却下」みたいな態度をとられ、まるで妻側が「細かいことをぐちぐち言う小さい人間」であるかのような認識をさせられているのであれば、健康的な関係とは言えないかもしれません。ひどい場合には夫から妻への支配関係もありそうです。

となると「なんてひどい夫！」となると思いますが、この場合、妻の自己肯定感の低さも関連しています。

対応策②　自分の「自己肯定感」にフォーカスしてみる

もしも妻にある程度の自己肯定感があれば、「脱いだ靴下は洗濯機に入れてね」くらいのことは言えますし、「細かいことをぐちぐち言うな」と言われたら「細かいことが大切なんだからね」などと言い返したりできるでしょう。

にもかかわらず、言いたいことを言えないで我慢し続けてきたならその原因は、自己肯定感の低さにあるのかもしれません。

もちろん、自己肯定感の低い人には、それなりの事情がありますから、がんばってひと言言ってみる、というのはとても難しく感じられるでしょう。
しかし、「お願い」という形で伝えてもなお反抗的になる夫とは、関係性を本格的に見直したほうがよいかもしれません。それを見極めるためにも、勇気を出してひと言言ってみましょう。
実際の治療の場では、「そんなこと言ってもうちの夫は絶対に無理」というケースであっても、実際に伝えてみたところ、肩の力が抜けるほど当たり前に「わかった」と夫に言ってもらえた、ということは少なくありません。解決策がわかると安心できる男性は多いのです。

自己肯定感の低さは、「私の言うことなど誰も聞いてくれない」という色眼鏡をともなうものです。

それを直ちに外せないとしても、自分にそうした色眼鏡があることを認識して、ここぞというときには勇気を出して言いたいことを伝えてみる、ということが関係性の健全化につながります。

人間関係は育てていくものです。

いつも黙って靴下を拾っていたら、そちらの方向に育ってしまいます。

相手からすれば、それで何の問題もないように見えるからです。

しかし、もしも「お願いだから洗濯機に入れてね」と頼み、「ありがとう！嬉しい！」と感謝を示し続けていけば、将来的に夫は洗濯そのものをしてくれるようになる可能性も高いでしょう。

「どの方向にがんばればほめてもらえるか」に男性はとても敏感です。

「感情的になってはいけない」と思っている人は感情は自分を振り回すものと思っているかもしれませんが、感情はこんなふうに意味を読み取って活用していくことができるのです。

ポイント

言いたいことを口に出せば、人間関係は育つ

「不安」も言葉にすることでやわらぐ

ここまで「怒り」について扱ってきましたが、「不安」についても見ていきましょう。

【例】LINEの返事が遅い彼。重い女だと思われたくないけど、寂しい気持ちが抑えきれなくて、相手を責めてしまう

彼を責めていますが、彼女の本心は寂しいのです。

「適切に自分を守ろうとする」のであれば、「○○君、LINEの返事がゆっくりだから寂しいよ～大好きだよ～」とでもLINEすれば、ずいぶん違うでしょう。

男性は責められるのが本当に苦手ですが、こうした「あなたが大切」という

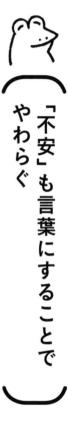

メッセージは大好きなのです。

この【例】のように相手を責めてしまうと、「自分はうまくできていない。そこを責められた」という感覚を持つでしょう。これは「そっか、寂しいんだ、かわいいな」という感覚とまったく違うことにお気づきいただけると思います。

このままただ責め続けていたら、彼との将来はあまり楽観できません。

LINEが遅いと責めるのは、自分と彼の関係を守りたいからでしょう。彼との親密度を増したいのに、彼が「責めてくる女性は嫌いだ」と離れていってしまえば、それはまったくの「的外れな防御」だと言えます。

このような不安に襲われたら、自分の「感情的思考」は何かを考えてみます。

この場合、感情は「寂しい」だと思いますが、「感情的思考」となると、「愛していればLINEのメッセージは嬉しいし、すぐ返事したくなるはず（なのに、なぜ遅いの？）」といったあたりなのだと思います。こうした色眼鏡を通して見れば、彼はたしかに自分にとって「適切な対応」をしていません。

しかし、そもそもこの「感情的思考」は彼と共有できているのでしょうか。

彼はなぜ返事が遅いのかを考えてみます。

全般にマイペースな人なのか。スマホのチェックの頻度が低いのか。「既読」にするだけで愛情表現しているつもりなのか。

そのあたりのことを知らないと、彼がどう行動すれば「愛している」という確認がとれるのかがわかりません。

ＬＩＮＥのメッセージの意味合いは、人によって異なるでしょう。

それが愛の証拠などと言われてもまったくピンとこない人もいると思います。

少なくとも、「愛していればＬＩＮＥのメッセージは嬉しいしすぐ返事したくなるはず」という「感情的思考」は、今のところ彼とはまったく共有されていないのではないでしょうか。

彼なりのペースでやりとりしているのに、責められる、というのは、彼からすればかなりの衝撃的な傷つき体験となります。そういう女性とこれからも一緒に生きていきたいとはなかなか思えないでしょう。

そもそも、これは「役割期待」の調整をすべき状況。「LINEへの返事を早くする」という役割を彼に期待しているのに、それが果たされていないことからくる寂しさです。

この場合、相手に期待できる現実的な役割とは何かを、相手と話し合いながら考えていくことが必要です。

その際も、「寂しい」という気持ちと、「重い女だと思われたくない」という思考を、そのまま彼に伝えてみるのがもっともよいでしょう。その上で、彼に何が期待できるのか、話し合うことができるからです。

なお、こういう話し合いを妨げる思考に、「彼に求めすぎと思われたらどうしよう」という懸念がある場合も多く見られます。

「彼女が自分に対して求めすぎている」と彼が考えているとしたら、それは、彼女を傷つける決めつけです。決めつけの暴力性については第3章でお話ししますが、「役割期待」という観点から見てみると、「求めすぎ」という彼の「決めつけ」を心配する必要はないと思います。単にメールの返事がすぐほしいという彼女の「期待」があり、それが彼にとっては非現実的というだけです。

本書で「的外れな防御」という変な言葉を使い続けているのも、それが「過剰な防御」ではない、ということを明確にしたいからです。

繰り返しになりますが「求めすぎ」なのではなく、「自分が求めていることが相手の事情を考えてみると非現実的」というだけのことなのです。「求めすぎ」などと、すべての非が自分にあるかのような自虐的な表現を使う必要はありません。

ポイント

「自分の当然」は相手に伝わっていない

自己肯定感の低い人が使いがちなフレーズ

感情を言葉にすることで、「感情的思考」を共有することができ、「役割期待」のズレを修正できる、ということを見てきましたが、前にもお話しした通り、自己肯定感が低い人は自分の思いを言葉にして伝えるのが苦手です。

【例】「ランチ、どこにしたい?」と夫に聞かれて、「どこでもいいよ」と答えたが、私が嫌いなとんかつ屋に連れていかれて、「おなか減っていないから帰る!」とキレてしまった

字《じ》面《づら》だけ見れば、「『どこでもいい』と答えたのになぜキレるの?」と不思議に思う人もいるかもしれません。

実際、この【例】の夫もそう思ったことでしょう。

しかし妻はキレてしまった。

このズレは「妻はとんかつが嫌いだということを夫はちゃんと認識しているのか」というところがポイントになるのだと思います。

夫はとんかつが好きなのでしょう。

ですから、「どこでもいい」と言われれば、「今日は何でも大丈夫なんだ！」と安心して大喜びでとんかつ屋に行くのでしょう。その夫の気持ちもわかります。

しかし妻は「だって、私が重たい食べ物が嫌いって、これだけ一緒に生活していればわかるでしょ？」と思っているのです。

この種の「言わなくてもわかるでしょ？」というタイプのコミュニケーションは、自己肯定感の低い人にとくに多く見られます。

「どこにしたい？」と聞かれたときに「イタリアンがいい」「とんかつ以外」などと言えばまったく問題はなかったはずなのですが、自己肯定感の低さゆえについ「どこでもいいよ」と言ってしまい、結果として「感情的」になってしまったのです。

「イタリアンがいい」でも「とんかつ以外」でも、明確に伝えれば、夫はその範囲で探したと思います。男性は課題達成型の人が多いので、与えられた課題にはちゃんと取り組むのです。

また、たとえ自己肯定感の低さゆえに希望を言えず、とんかつ屋に連れていかれても、「私がとんかつが嫌いって知っているでしょ？」くらい言えれば、まだ立ち直り可能です。

夫は「え？　そうなの？」「でも今日は特別にどこでもいいのかと思った」となるかもしれません。

それも言えずに「おなか減っていないから帰る！」では、この状況から夫が学習することは何もなく、単に不快な気持ちが2人の間に残るだけでしょう。

第3章でさらに詳しくお話ししますが、自分の事情は自分にしかわかりません。

ですから、それを伝えないことには、「感情的にならずに感情を活用する」ことはできないのです。

自己肯定感が低いと、自分の希望などを伝えづらくなることは再三お伝えしてきましたが、しかし、同時に、勇気を出して希望を伝えてみたところ「わかった!」と明るく受け入れてもらえて、自己肯定感が高まることも多いのです。

対人関係療法の治療ではそういう作業を繰り返します。最初の1~2回の「成功体験」までは治療者が応援しますが、自分が受け入れてもらえる、という温かさを知った人は、治療者の援助なしにだんだんと課題を乗り越えていきます。これは、健康な人の生活にもとても役立つ考え方だと思います。

ポイント
「言わなくてもわかるでしょ?」では伝わらない

第3章

お互いの「領域」がわかると、心がすっとラクになる

お互いの「領域」を尊重していますか？

相手に「こうしてほしい」と期待する「役割期待」のズレが「感情的」になる要因のひとつだとお話ししてきましたが、そもそも「役割期待」とは相手に期待しているだけであって、必ずしも相手がそうしなければならないというものではありません。なぜなら、人にはそれぞれの「領域」があるからです。

お互いの「領域」を尊重し合うことが、成熟した大人の関係には必要です。

実は、「感情的」になるのはほとんどすべて、「領域」意識の乏しさによる、と言ってもよいくらいです。

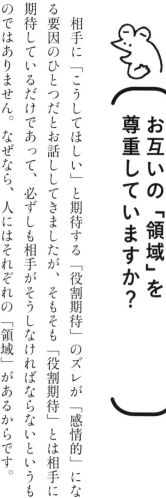

本章ではこの「領域」についてお話ししていきます。

例えば、自分の家に他人が入ってきて殴られたら誰でも、「大変な暴力を受けた」「ひどいことをされた」と感じるでしょう。
実はこんなタイプの暴力を、私たちは日常的に受け続けています。
もちろん精神的に、という意味です。

【例】「そんなことも知らないの？」という友達のひと言に感情的になってしまった。すぐにムカついてしまう自分がイヤだ

これは第1章でご紹介した【例】ですが、これもこちらの「領域」に相手が入り込んでしまっていると言えるでしょう。「このくらい知っていて当たり前」という相手の価値観が押しつけられているからです。

そもそも、世の中に様々な知識がある中で、何をどこまで知っているか、どんな知識を優先して手に入れているかは、個人個人が決めることです。もちろん、それ以外にも様々な事情があるでしょう。

にもかかわらず、「今知っていること、知らないこと」について他人からとやかく言われる筋合いはありません。

まさに相手の「領域」に踏み込んでいると言えます。

ですから、ここでムカつくのは当然のことです。

本来は「ムカつき」を感じて、「そういう言い方は傷つくからやめて」と言えれば問題解決。そうでないから「感情的」になってしまうのです。

では、なぜ「領域」違反に対して、やめてと言えないのか。

それは自分の「足りなさ」を指摘された、知らなかった自分が悪いのであって開き直ってはいけない、と思い込んでしまうからでしょう。

しかし実際には、ムカつくのはもちろん、我慢して伝えないでいると相手に苦手意識を持ってしまうこともあります。であれば、ちゃんと対処したほうがよいのです。

この例では、最初の怒りは「衝撃」と相手の「主観的評価」によるものですが、なかなか怒りが収まらないのだとしたら、やはり自分の中に「感情的思考」がないか疑ってみる必要があります。

この例の場合は、おそらく「自分がバカにされている」が「感情的思考」ではないでしょうか？

「感情的思考」がぐるぐると回り続ける際には、相手についてのイライラだけでなく、自分についてのイライラも募るものです。

そして「知らなかった自分」「その場でうまく対処できなかった自分」というあたりがセットになって、よりいっそう「感情的」になってしまうでしょう。

ポイント

価値観の押しつけは相手の「領域」を侵している

自分の「領域」に責任を持つ、ということ

相手から自分の「領域」に踏み込まれてもつい我慢してしまう。
そして、その我慢が「感情的」になることへとつながってしまう。
このことは多くの人が理解できるでしょう。
人間には限界がありますから、我慢し続けるとある日キレてしまうものです。

【例】遊びに行くとき、宿の手配など全部私にさせる友達にイラッとしつつも、イチイチ言うのも大人げないと黙っていた。あるとき「ここに行きたいんだけど、宿とっておいてくれる?」と言われて、「もう一緒に出かけたくない」とキレてしまった。友達は別の友達に「あの人、メンタルやられているみたい」と言いふらしていたという

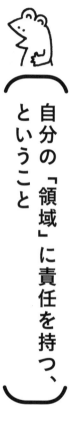

それまで何も言わずに一緒に行動してくれた相手が、突然「もう一緒に出かけたくない」と言ってくる。

これは、相手から見るとものすごく衝撃的でしょう。

実際に「メンタルやられている？」と思われてしまうのも不思議ではありません。


実はこれは、キレた本人が自分の「領域」に責任を持てていない例です。


「この前も私が全部手配したよね。今度はあなたがやって」

と言えれば、最終的な爆発は免れたはずです。

こうした爆発はひとつの人間関係を壊すほど破壊的なもの。

どちらにとってもイヤな思いをもたらすので、できるだけ避けたいものです。


しかし、「宿の手配などを全部自分にさせる友達」に対して、自分がどう感じているかは自分にしかわかりません。自分の「領域」の話です。

それをきちんと伝えておかないから「最終的な爆発」になるのです。

もちろん、「そもそも友達に全部手配させるなんて、キレられたほうの配慮が足りないのでは？　私は間違ってない！」と考える人は多いでしょう。

しかし、第4章でお話ししますが、「正しさ」は万能ではないのです。

実は、相手は宿探しがものすごく苦手なのかもしれません。

また、注目しておきたいのは、「今まで全部やってきた」という部分。

不満も言わずに相手の言うことに従ってきたということは、相手との関係をそのように作ってきた、とも言えるのです。

相手に「宿探しが得意な人なんだな」という感想を抱かれても当然です。

ここで、「自分が感じたことは自分にしかわからないのだから、きちんと伝えておきましょう」と言うと、「いちいち伝えるなんて大人気《おとなげ》ない」と思う人もいるでしょう。

この「大人気ない」という概念が我慢につながります。一見、我慢をしたほうが「大人気がある」ように思われがちですが、それは間違いです。

そもそも自分の「領域」に責任を持ち、相手の「領域」を尊重できるのが、本来「大人」の人間関係です。

自分の「領域」に責任を持つ、つまり自分が感じていることをきちんと伝えるほうが、我慢し続けるよりも「大人」なのです。

これは何度強調しても足りないくらい、重要な話です。

感情は、「それが自分という存在にどういう意味を持つか」を教えてくれるものだとお話ししましたが、よほど軽い感情でなければ、無視しないほうが自分を守ることにつながります。

この【例】も、「え？　また私？」と感じるイライラをそのままにしていた、つまり自分で自分の感情を軽視してきたために「感情的」になっています。順調だと思って任せていた仕事を、「もうできません！」と突然やめてしまう人が時々いますが、実は突然ではなく、それも小さな「感情の無視」の積み重ねなのだろうと思います。

本当はつねに「無理」と思っていたのに、自分のイラッとする感情や不安を抑え込んで仕事をしてきたため、ついに耐えられなくなったのでしょう。
結果として、任せてくれていた人にも大きな迷惑をかけてしまいます。
もしも「私、この仕事は無理だと思うんですけど」と相談していれば、いくらでも改善の余地はあったはずです。これ以外にも「言ってくれていれば対応できたのに……」と思わされるシーンはあちこちにあります。

つまり、自分の感情に従って対処すれば人は助けてくれるし、「感情的」にならずにすむのです。

それが、「自分の領域に責任を持つ」ということです。

ポイント
自分の感情を我慢するのではなく「伝える」のが大人

「領域」に踏み込まれないようにするには？

もう少し「領域」について見ていきます。

【例】「あなたってちょっとズボラなところあるわよね」と義母に言われて、感情的になって「もう家に来ないでください！」と言ってしまった

これは義母が、こちらの「領域」に入り込んできて決めつけた、という暴力的な一例で、カチンときて当然です。カチンとくる気持ちが積み重なっていけば、先ほどお話しした「我慢→最終的な爆発」になるでしょう。

しかしここまであからさまに決めつけられると、この1回だけでも「感情的」になって当然だと思います。

決めつけがひどいタイプの人は案外多くいます。

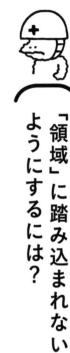

もちろん彼らは、自分が相手に暴力的なことをしている、などと自覚してはいません。いわゆる「悪気なく」というケースで、悪気がないからこそ、決めつけられた側が感じるストレスも大きくなるのです。

しかし、相手が自分の「領域」に入ってくるたびに「感情的」になっていたら、「つねに戦闘モードの人」みたいになってしまいます。「感情的でつき合いにくい」と思われるだけでしょう。

ではどうすればそうならずにすむかというと、「領域」の概念をしっかりと確立することです。

たしかに相手が言っていることは、形式としてはこちらの「領域」に踏み込んでいる。でも、相手はどこでその発言をしているのか。

それは、あくまでも相手の「領域」において、なのです。

人間には自由がありますから、義母が本人の「領域」で何を言おうが、基本的にはその人の自由。

つまり、この全体を、「自分がやられた」（自分の「領域」に踏み込まれて、決めつけられた）というふうに見るのではなく、「義母が彼女の領域で何やらつぶやいた」と見るのです。

ある程度の訓練は必要ですが、こういう見方ができるようになると、「適切防御」になります。

これは先ほど挙げた「そんなことも知らないの？」という例についても言えることです。「自分がバカにされた」のではなく、友達が自分の領域内でつぶやいたのだと見れば、「この人、人の事情も考えないで平気でそういうことを言うんだな」と受け止めることができるでしょう。

ポイント
決めつけはあくまで「相手の領域」での問題だととらえる

悪意のない相手へのムカムカには？

もうひとつ【例】を見ていきましょう。

【例】「あなたのために言っているんだから」という友達がなぜか許せない。友達のことが嫌いなわけでも、言っていることが間違っているわけでもないのに、ムカムカが収まらない。自分の気持ちがわからない

これはまさに、自分の「領域」に踏み込まれていることへの不快感です。言っている内容が間違っていないとしても、「あなたのために」と言っている時点で、こちらの「領域」は侵されています。

なぜなら、相手は「あなたのために」と言っていますが、何が自分のために

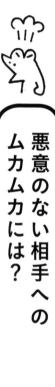

なるのかがわかるのは自分だけだからです。

このケースは、「自分の領域に入り込まれたから不快なんだな」ととらえるだけである程度心の整理がつきます。

「あなたのためにって言われると重いからやめてくれる?」と言って現実的な解決に入ってもよいし、あるいは相手が相手の「領域」の中で発言しているにすぎず自分とは何の関係もない、と受け流すこともできます。

それでも「あなたのために」というフレーズが頻発する相手であれば、距離を置いたほうがよいかもしれません。

この例の注目すべき点は、「自分の気持ちがわからない」という部分です。

相手に「領域」に踏み込まれ、決めつけられている。これは、明らかに不快な状況です。にもかかわらず、「あなたのためを思って」と言われてしまうと、相手は私のためを思って言ってくれているのだから、反発を感じるべきではない、という思考が働いてしまうのです。

「『べき』による自分の感情隠し」とでも呼べるものでしょうか。まさに「自分の感情を大切にしたほうがよい状況」です。

現在のムカムカが収まらない状態がよいという意味ではありません。

なぜなら、これは「こう言われたらありがたく受け入れるべき」という「べき思考」が生み出しているからです。そうではなく、大切にしたいのは「自分の領域に入り込まれて不快だな」という最初の感情です。

しかし、「自分の感情を大切にしてばかりいたら、他人のアドバイスを受け入れることもできず成長しないのでは？」と思う方もいらっしゃるでしょう。

そう思うからこそ、日々あちこちで繰り広げられている「領域侵害」に多くの人が鈍感なのだと思います。

人間は日々進歩する存在ですが、それぞれのプロセスがあります。

そのプロセスの中のちょうどよい時期に、幸運にもちょうどよいことを教えてもらうと、ぐんと前進できるでしょう。

これは、たまたま本の表紙が目が入って、気になったから買ってみた、そうしたら今の自分にぴったりな内容だった、というような話と同じ性質のものです（読者の方から、私の本が3年間書棚に置いたままになっていたけれど、ある日気になって読んだら、まさに自分が求めていた内容だった、という経験談を教えていただいたこともあります）。

どんな情報をいつ得るのが自分にとってもっともプラスなのかは、自分にしかわかりません。

追って説明していきますが、その情報が自分にとって役に立つかどうかは、そこに「自分を否定する要素」があるかどうかを基準に判断できます。

ポイント

相手の「領域侵害」に敏感になる

アドバイスはなぜ暴力になるのか？

一見、よい情報に思えても、「自分を否定する要素」を含んだ情報は役に立ちません。その代表格がアドバイスです。

アドバイスというのは、基本的に、相手の現状否定の上に成り立ちます。「こういうふうにしたら？」とは、「あなたのここがよくないから、こういうふうに直せば？」ということなのです。

自分の現状を否定されれば誰でも傷つきますから、相手の言っていることが正しいと思っても、アドバイスされたら不快になって当然でしょう。

もちろん、ためになるものもあります。もっともよい助言は、相手の現状をよく把握し、「今は、これでいい」と認めた上で、「そうしたいんだったら、ここをもう少し変えたら？」と提案していくというもの。

私は医師ですから、患者さんに専門的助言を与える立場です。

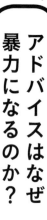

「ああ、なるほど。それならできそうです」

と前向きに取り組んでくれる方ももちろん多いですが、できない人もいます。

そういうときにイライラする治療者も多いと聞いていますが、これは完全に治療者側の責任。専門的助言とは、相手の現状を肯定した上で、これもやったらどうですかと「相手に実現可能な範囲で」提案することなのです。

では、受け手は「自己否定の要素が含まれるアドバイス」と「よい助言」をどうやって判断したらいいのでしょうか？

もしも「〜したら？」と言われたとき、イヤな気分になるとしたら、そこには自分を否定する要素が含まれている、と考えるとわかりやすいでしょう。

もちろん、イヤな気分になるアドバイスの中には有意義な情報も含まれているかもしれませんが、毎回、自分を否定されなければ新しいことが学べないということはないはず。もっと自分を大切にする学習法や成長法はあります。

アドバイスを言いがちな人は全般的にこういう意識が希薄で、「ガツンと言

って やる」ことが親切だと信じている人もいるので驚きです。

彼らを変えることは難しいですし、アドバイスで傷つくのは当然のことなので、できるだけ避けて生きていきたいもの。

例えば、ついうっかり電気をつけっぱなしにしていたときに、「電気はもっとこまめに消したほうがいいよ。あなたって、エコじゃないよね」とアドバイスを受けたとします。そういうときに、「私のことをわかっていないくせに、決めつけた」と「感情的思考」に入っていきたくなる気持ちはわかりますが、それでは「的外れな防御」になってしまいます。お互いが「感情的」になって、話の本質すら見失うかもしれません。

ここで自分を適切に守るには、どうしたらよいでしょうか。

相手に言い返す、というのがまず考えられることだと思いますし、ちょっとした誤解などであれば、「実はこうなんですよ」と言うことによって乗り越えることができるでしょう。

しかし、相手によっては「言い訳ばかり」などと攻撃されかねません。

ここではきちんと自分を守るために、やはり「領域」を考えます。

他人が下した評価は、こちらの領域に踏み込んでいるように見えますが、あくまでも相手の領域の中で下した評価だとお話ししました。

ですから、「領域侵害は起こっていない」という見方をするのです。

これは「我慢」とは違います。「我慢」は、被害を受けているのに見て見ぬふりをすることであり、ネガティブなエネルギーが蓄積していきます。

一方、「相手の領域の中で下した評価」という見方は被害的事態を「なかったこと」にします。

「このくらい言われても我慢しなければ」でなく、「相手は自分の領域で勝手につぶやいているんだから、放っておこう」と考えれば、気持ちを切り替えてほかのことを楽しめるようになるでしょう。

ポイント
アドバイスは「相手の勝手なつぶやき」と考える

ついアドバイスしたくなったら？

人からのアドバイスは「相手の領域内での勝手なつぶやき」と受け流せるとして、「逆に、できない人がいるとついカーッとなって、余計なアドバイスをしてしまう」という人もいるでしょう。

本書をご覧になっているみなさんは「感情的な自分を何とかしたい」と思っているのでしょうから、こうしたパターンは多いかもしれません。

【例】を見ていきます。

【例】部下に成長してほしくて、「君はまだ学生気分が抜けてないんだよ」「そもそも社会人としての自覚がないんじゃないか？」などと、目をかけて注意してあげているのに、「パワハラ上司」と言われてしまった

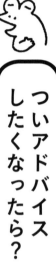

パワハラとは、職権をともなうモラハラのこと。

ちなみに、モラハラとは、相手の非を見つけ、貶《おとし》める言動によって、「自分は正しい」を満たす姿勢です。

ビジネスの場では責任をともなう分、教育的注意はたしかに必要でしょう。

しかし、この例には大きな問題があります。

それは行動と人格が区別されていないこと。

注意をするときの鉄則は、行動と人格を区別することです。

この例では、「君＝学生気分」「君＝社会人としての自覚がない」と相手自体を注意しています。

「この行動はこう変えたほうがいいよ」ではなく、「君っていう人間はね」「君はそもそもね」というような言い方になっている時点で、行動だけでなく、相手の人格を否定することになり、モラハラ的になります。それが仕事の中で常態化しているのであれば、パワハラと呼ばれても仕方ないでしょう。

相手の行動について冷静に注意できない、というときは、パワハラしている側も「感情的」になっている場合が多いものです。

こんなときのための、簡単なトレーニング法をお伝えしましょう。

トレーニング① 相手の人格と行動を区別する

これは先ほどお話ししたように、人格否定をしないという意味で重要ですが、そもそもの考え方としても押さえておきたいところです。

上司が「感情的」に部下を叱責しているときには、たいてい部下の人格にまで踏み込んでいるものです。

しかし、人は他人の人格を思い通りに変えることなどできません。せめてひとつの行動を変えてもらうように依頼することがせいぜいなのです。それをわかっていないから、「相手を変えたいのに変わってくれない」と現実的ではない不満を抱いて、より「感情的」になってしまうのです。

相手がやったことは「仕事上のミス」にすぎず、「ミスをしてはいけないよ」

「ミスをするとこんなふうに困るから気をつけて」という以上のことは言えないと自覚することが大切です。

トレーニング② 伝える際の主語を「私」にする

主語を「私」にして話すこともトレーニングになります。

「君」を主語にしてしまうと、人格否定というほどでなくても、相手の人間性に評価を下してしまうことになり、パワハラ度が増します。

主語を「私」にするということは、「こういうミスをされると私はこんなふうに困る」という言い方になり、パワハラというよりは「陳情」になります。

また、61ページでお話ししたように、「役割期待」という概念を使って、相手に何を期待しているのかを伝えることができます。「私は、この仕事においては、このミスに注意してほしいと思っている」ということを伝えれば、再発防止にもなるでしょう。

一般に、人格まで否定されてひどく叱責された人は、心を病む場合もありますし、仕事への苦手意識が極端に増すものです。その結果としてミスが増える、ということにもなります。ですから、お互いのプラスにつなげるためにも、ここでお話しした2点には気をつけてください。よい上司になると思います。

ちなみに、この例も「領域」の話です。

「君はね」「あなたはね」と、相手の「領域」に踏み込んでいろいろと攻撃的な決めつけをするのではなく、「私は上司としてこうしてほしいと思っている。わかりにくいところは何でも聞いてほしい」とあくまでも自分の「領域」内の話として伝えることは、もっとも安全で効果的なコミュニケーションになると思います。

ちなみに「君はね」同様、人格攻撃につながりやすいフレーズに「どうして」があります。

【例】「どうしてあなたはいつも遅刻するの?」となるべく優しく言ったのにキレられてしまった。どうしたら「遅刻されるのがイヤ」って伝わるのか?

この言い方の問題は、やはり「どうしてあなたは」の部分だと思います。

遅刻するには、何らかの理由があります。手のかかる家族がいる、あるいは、時間を守ることが難しい何らかの障害があるなど様々です。

もちろん、単に「学生気分でただ遅れている」という可能性もありますが。困っていることが相手に伝わり、かつ相手の「的外れな防御」を防ぐには、「遅刻はやめてください」ということだけが伝わればよいのです。

「どうして」という言葉はそれ自体が、相手の非を責めるニュアンスを持っていますので要注意です。「どうして」は「どうして〜できないの！」と人を責める状況において使われがちな言葉だからです。

「遅刻をやめてほしいけれど、何か事情があるなら聞くよ」という姿勢でいれば、少なくともキレられる事態は避けられるでしょう。

ポイント
「君はね」から「私は」に主語を変える

「自分の正しい」と「他人の正しい」は違う

人格攻撃をしてしまいがちな人の特徴として、

①　行動と人格を分けて考えない

②　「私は」ではなく「君は」「あなたは」で話してしまう

この2つについてお話ししてきましたが、実はもうひとつあります。

③　「自分の正しい」は他人にとっても正しいと思い込む

【例】で見ていきます。

【例】「40代で未婚の人の性格ってどこかゆがんでるよね」と既婚の友達に言われて、感情的になって縁を切った

これは、「感情的」になった側ではなく、言った友達のほうに問題がありま す。

次章のテーマにもつながっていきますが、28ページでお話ししたように、自分の主観的評価（40代未婚の人の性格はゆがんでいる）を、あくまでも「今の自分が下した主観的評価」と認識できていれば何の問題もありません。

つまり、あくまでも「自分の感想」であればよいのです。

しかし、この例のように、あたかもそれが唯一絶対の真実であるかのように語られてしまうと、相手の領域を侵害した上に、最大限の暴力を働いたかのようなことになってしまいます。

そもそも「決めつけ」には暴力性がありますが、とくに相手を貶めるニュアンスで用いるとなると、これは「感情的」にもなりたくなります。

縁を切ったのも仕方がないと思います。

何か言い返すとしたら、「あなた、今自分がどれほど暴力的なことを言ったか、わかっている？」程度でしょう。

それでハッとしてくれる相手であれば友達づき合いを続けられるかもしれませんが、まったくピンと来ていない様子であれば、距離を置くのは正しい対処法だと思います。

このように「正しさ」の扱い方もまた、「感情的にならない」ための鍵になります。次章で詳しく見ていきましょう。

ポイント

決めつける相手とは距離を置く

第4章

「正しさの綱引き」から、手を離してみませんか？

なぜ「正しさ」の主張が人を無力にするのか？

前章でもお話ししましたが「感情的」を考える際に、避けては通れないのが、「自分は正しい」という思考です。

なぜなら、多くの人は、自分の正しさを主張するために、「感情的」になっているからです。

例えば、部下が仕事をせずに帰ってしまったのは、自分にとって「正しくない」。それが正当なものかどうかはさておいて、「自分が正しいと主張したい」からこそ、「感情的」になってしまうのです。

周囲がそれに応じてくれて、「あなたの言い分が正しい。大丈夫だから落ち着いて」と言ってくれれば、「感情的」になる時間は短くてすむでしょう。

しかし実際にはそんな理解者に恵まれることは少ないと思います。「感情的」になっている段階で、そもそも周りの人は引いてしまいがちだからです。

そして、「『正しい』ことを訴えているのに、みんな本気になってくれない！」という状況に陥ると、人は「的外れな防御」に向かい、よりいっそう「感情的」になってしまいます。

つまり、「感情的」になるということは、自分の「正しさ」をめぐる「的外れな防御」でもあるのです。

しかし、「的外れな防御」は文字通り「的外れ」ですので、結果として自分の正しさが認められるということはまずありません。

自分こそ正しいと思って「的外れな防御」を繰り広げていくと、事態はどんどん悪化していきます。相手との関係も悪化していきますし、何と言っても注目したいのは、自分が無力な存在になっていくということです。

たしかに、「感情的」になって「正しさ」を主張することで、一見肯定してくれるような人はいるでしょう。「感情的」な人が面倒だったら、「はいはい、わかりました」と応えるでしょうし、あるいは「感情的」な人があまりにも恐ろしくて、とりあえず従うということもあります。

しかし本心から他人がこちらの正しさを認めてくれる、ということは極めてまれだと思います。

「感情的」になればなるほど、人の共感が得にくくなるのです。共感が得られないことで、孤独に陥ってしまうでしょう。つまり、「的外れな防御」をすればするほど人間は孤独になり、無力になるのです。共感が得られないだけではなく、反撃されることもあります。反撃されればされるほど、よりいっそう自分が弱く小さいものに思えてしまいます。

その心細さを解消しようとして、人はさらに「的外れな防御」をしようと「感情的」になってしまう。

そのような悪循環はよく見られます。

「感情的」になる原因のひとつ、「自分はバカにされているのではないか」「自分は尊重されていないのではないか」などの「感情的思考」は、実は、自分は尊重すべき人間かどうかを、相手にゆだねている姿勢です。

これはとても心細い、弱い立場ですね。すべてが相手次第になってしまうからです。自分の価値が、相手の（気分を含めた）評価によって決められる、というのはとても不安定で不自由なものなのです。

ポイント

自分の「正しさ」にこだわればこだわるほど孤独になる

「感情的」とは「正しさ」への執着

「感情的」になったときの自分を思い出してみてください。
とにかく何かを訴えたいのです。「何か」が明確でないことも多いのですが、でも、つねに訴えたいのは「自分が正しい」ということではないでしょうか。
「私はこんなに正しいのにどうしてわかってくれないの」という切実な叫びによって人は「感情的」になるのだと思います。

何度も言いますが、「感情的」の正体は、「正しさ」への執着です。

例えば、お互い「感情的」になって言い争うのは、たいていはどちらが「正しい」かの決着をつけるためです。

実は、「正しさ」の主張は、暴力的にもなり得ます。それぞれの人にとって、「正しさ」は違うからです。

例えば、よく言われる「正しいこと」のひとつに「親を大切に」というのがありますが、親からひどい虐待を受けて育った人にそんなことを言えば、二次虐待になってしまいかねません。

また、世界の各地で今日も胸が痛くなる戦争が続いていますが、戦争こそ、それぞれが「正しさ」を主張して争っていると言えます。

そこから何かを得る人がいるとすれば武器商人と関係者くらいで、敗戦国の苦労や多くの犠牲者はもちろんのこと、勝ち負けにかかわらず戦争に参加した人たちのＰＴＳＤは強烈で、米国でも大きな問題となっています。

「感情的にならない」という本書のテーマと少しずれますが、私は戦争をなくすためにも、まずは自分から「的外れな防御」をやめることが大切だと考えます。いろいろな「正しさ」が共存できれば、戦争という悲しい事態はぐっと減るでしょう。

世の中には本当にそれぞれの事情を持った人がいて、それぞれの事情を考えれば、「正しさ」は人それぞれ。

個人にも国家間にも、この「領域」意識（国土という意味ではなく、お互いの違いを認め合うという意味で）が必要なのです。

また、たとえ「正しさ」の価値観は同じであったとしても、その通りにできる人もいれば、できない人もいます。

そんなときは、「努力しているけれども、できません」と言えばいいのです。

そのためには、できないことも寛容に受け止める空気が必要です。

生物である人間は攻撃されると防御します。「あなたは間違っている」などと言われたら、最初の反応は抵抗と防御になって当然なのです。

ポイント

「正しいこと」ができない人への寛容さも必要

自分の「正しさ」を他人に認めさせたい理由

ここで、改めて「正しさ」について考えてみたいと思います。

「正しさ」は人それぞれであるはずなのに、どうして人は人から「正しい」と認めてほしがるのでしょうか。それは、自己肯定感の問題と関連してくると思います。

ここでひとつ言えるのは、「感情的」になるときは、自分の自己肯定感とつながっていないということです。

ありのままの自分を受け入れることができないため、「自分こそ正しいと相手にわからせる」という形で他人に自分を肯定させようとするのです。

それでは「ありのままの自分を受け入れる」とはどういうことでしょうか。

人間は、いろいろな事情を抱えながらも日々がんばっている存在です。がんばっているように見えない人でも、その事情を聞けばがんばっていることがわかります。

例えば、資格試験を見送り続けてしまって引きこもっている人。「試験を受ければいいのに怠けている」と思うかもしれませんが、ものすごく勉強して燃え尽きてしまい、再びあのプレッシャーの日々に戻ることへの恐怖のために動けない、ということも多いのです。

でも本人はそんな自分を責め、「よりよく生きなければ」という思いをいつも抱え、ときにはやけくそになりながら、最悪の場合、自死も考えそうなところをがんばって生きています。そんな本質を、みんなが認められるようになれば、「自分の正しさ」を他人に認めさせる必要はなくなるのです。

ポイント

「自分を肯定すること」を他人にゆだねない

「正しさ」よりも「本物」の気持ちに注目

ここまで、「正しさ」に含まれる「暴力性」を見てきましたが、とはいえ「正しさ」という言葉を捨ててしまうのは、多くの人が抵抗を感じるでしょう。私たちの誰もが、多かれ少なかれ「正しさ」に縛られて生きているからです。

ここで「正しさ」(rightness) に代わる価値を提案しましょう。それは、「本物であること (authenticity)」です。

authenticity（オーセンティシティ）という英語は、宝石が本物であるか偽物であるか、というような状況で使われる言葉ですが、人の心についてもauthentic かどうか、つまり本物であるかどうかを意味する言葉として使うことができます。

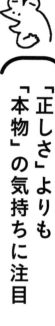

「正しさ」の基準は、人それぞれいろいろあるでしょう。でも、「本物」の気持ちは、その人にとってたったひとつしかありません。

それがわかれば他人と争うことなく、「自分はこういう気持ち」と言えます。今まで見てきたように、自分の評価を他者に丸投げすると「感情的」になりやすくなりますが、「私は本物の気持ちを感じているから大丈夫」と思えれば、自己肯定感が持てるようになります。実はこれはとても大きな分岐点なのです。

自分の気持ちとは関係のない「正しさ」にとらわれてしまうと、他人に評価をゆだねることになり、どうでもよいことに一喜一憂したり傷ついたりしてしまいます。一方、「本物」の気持ちにフォーカスすれば、自分が率直に感じている限り、他人の評価にゆらぐことはありません。

ちなみに、「誠実さ」も、「正しさ」より「本物」に近い特性です。

ただ、ときおり「誠実さ」を、「あえて相手にきついことを言う」「ほかの人が言えないことをずけずけと言う」ことだと勘違いしている人がいます。「ほかの人が言えないことをずけずけと言う」のは実際は「ほかの人」とは関係ないその人自身の領域侵害です。言われたほうは影響を受けすぎることなく、単に「ああ、こういうことを言う人なんだな」と思えばすむ話でしょう。
実は、自己啓発書などによって苦しむ人が、このauthenticityの問題を抱えていると思います。「本に書かれていることは心から納得できないけれど、成功した人の言っていることだから、ちゃんと聞かなきゃ」などと無理してしまう――これは、まるでサイズの合わない靴を履いているような感じで、自分の「本物」の気持ちとつながれません。

そんなときはこう考えてください。
本物の宝石と同じように、誰もが「本物」の存在なのだと。

ポイント
「自分の気持ち」にフォーカスすれば、他人の評価が気にならない

お互いの「正しさ」が違うときの対処法

「正しさ」の基準は人それぞれとお話ししましたが、実際に自分とは違う「正しさ」に直面したとき、どうすればよいのでしょうか。【例】を見てみます。

【例】40代研究職の女性。研究室に行かない日も、自宅で文献を読まねばならず、つい家のことが後回しになってしまう。そんな折、サラリーマンの妻である専業主婦の義母から「今日は休みなんでしょう？」と用事を言いつける電話がかかってきて、「やることがいっぱいあります！」と「感情的」になってしまった。夫は「君を尊重しているし、仕事も応援するよ」と言ってくれるが……

ます、この【例】において、誰が「正しい」のか見てみます。

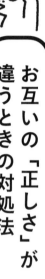

余裕のない当人、夫から応援されてもいる当人は、正しく見えます。しかし、義母の側から見たらどうでしょうか。

サラリーマンの妻しか経験したことのない義母には、妻たるもの休日は夫を癒すことに全力を尽くすのが当然、という感覚しかないはずです。

つまり、それが義母にとっての「正しさ」なのです。

配偶者のあるべき「正しさ」が、休日にどれだけ勉強したかによってキャリアが決まってくる研究職とはまるで違います。

妻の言い分が正しいのか、義母の感覚が正しいのか。

こうした「正しさの綱引き」をしていると、人間は消耗しますし、対立構造も深刻になります。何といっても不毛です。

では、どうしたらいいでしょうか？

この【例】の場合であれば、自分の現状を知らせることによって、義母の「正しさ」が修正されるのを願うことでしょう。

ここでとても重要なのは「自分の現状（事情）を知らせる」という部分です。

「お義母さんは考え方が古い」などと「相手の正しさ」を変えようとしてしまうと、やはり、お互いが「感情的」になることは避けられません。

「お義母さんの場合はそうだったんだと思います。そしてお義母さんはとてもよい妻だったのだと思います。でも、私の場合は、仕事があって……」と、相手を尊重しつつ自分の事情を伝える、というやり方をすれば理解してもらえる可能性が高まります。

それでもダメな場合は夫と相談の上、距離を置いてもよいですし、距離を置くことに罪悪感があれば専門家に相談してもよいと思います。

ポイント

相手を変えようとせず、まず自分の事情を伝える

自己肯定感が低いから、相手の意見を受け入れられない

「正しさ」は人それぞれ違うということを見てきましたが、「あなたの正しさは私の正しさとは違う」ということが受け入れにくい人もいます。

【例】「あなたの気持ちもわかるけど、彼の気持ちもわかる気がする」という友人にカッとなってしまった

「誰が正しいか」に敏感なのは、心の傷を負っている人とも言えます。

研究の結果、虐待を受けた人のほうが、自分と意見の違う人に対して「私を否定している」と受け止めやすい傾向があることが知られています。気まぐれな親の顔色を読んで同調することで生き延びてきた人にとって、「親と意見が同じかどうか」は死活問題だったからでしょう。

自分にそういう傾向があると思われた方は、相手に「自分の正しさ」を認めさせることよりも、自己肯定感を育てたほうがよいと思います。

ここまで、「正しさの綱引き」から抜け出すには「本物の気持ちにつながる」「自分の状況（事情）を説明する」ことが大事だということを見てきましたが、先ほどの【例】で言うと、ショックだという自分の気持ちとつながり、「今、あなたからそう言われて、何かショックだった」というところから丁寧に話していければ、相手も理解しやすいでしょう。

しかし、効果はそれだけではありません。

私は対人関係療法を続けてきて思うのですが、本心を思い切って（もちろん失礼のない言い方で）打ち明けて、「ああ、そうだったのね。わかった。これからは協力する」と言ってもらう体験は、人間として体験できる最大級の温かさだと思います。

この温かさを味わっていくことで、自己肯定感は自ずと育っていくのです。

ちなみに、この温かさを味わうためには、どういう人に本心を打ち明けるかも大切です。

理想は「ああ、そうだったのね。わかった」とそのまま受け止めてくれる人。これは「やたらと感情移入する」人とは違います。

相手の話を聴いて、わがことのように感じてしまう人がいますが、できれば相手は相手、自分は自分と距離をもって「共感」してくれる人がいいでしょう。

私は「共鳴」と「共感」を使い分けています。

相手から本心を打ち明けられたとき、その体験を主観的に評価し、「自分も同じ体験をしたことがある」という評価を下すことを「共鳴」と言います。「大変だね」ととらえるのではなく、「私も大変だった」と自分のほうに話題をもっていってしまう特徴があります。

一方、「共感」は、むしろ「共存」と言ったほうがわかりやすいかもしれません。相手の感情のありのままを受け入れて、人間として温かい愛を感じる、ということです。

つまり、評価に基づくのか基づかないのかによって「共鳴」か「共感」かが

違ってくる、ということになります。

「共鳴」は「領域」という視点で見ても問題があります。「相手の気持ちがとてもよくわかる」と思っても、それが本当に相手の気持ちと同じかどうかは、相手の「領域」の中の話であるため、本来はわからないことだからです。

話を聴いてくれた人の態度が「共鳴」だとしたら、主観的には、「あれ？ちょっと違うんだけどな」という感じになると思います。

その時点で、相手が「共感」ではなく「共鳴」していることがわかります。

この「ちょっと違う」という感覚を大切にしていくことが自分を守ってくれると思います。

ポイント

本心を打ち明けるのは「共鳴」ではなく「共感」してくれる人

パワハラしてしまいそうになったら

感情的になりがちな人が気をつけたいことのひとつに、パワハラの問題があります。

【例】ダメだダメだと思っても、ミスした部下を叱責すると止まらなくなる

これは、いつか「パワハラ」と認定されかねない典型的な例です。

ハラスメントの概念は今では社会一般に広く浸透し、昔の社会だったら「よく見られたこと」も、今ではとんでもない人権侵害として受け止められるようになってきました。

その流れ自体は、社会が人権を尊重する方向に成長していると見ることができ、好ましいことだと思います。

しかし、ハラスメントという概念を当然のものとして育ってきた若い世代と、職場でのハラスメントが当たり前に許されていた上の世代とでは、ハラスメントに対する嗅覚が違って当たり前です。

「ハラスメント」という概念によって息苦しさを感じ、この「不自由感」を何とかしたいと思っている人は案外多いのではないでしょうか。

しかし、それを口に出すと、「その程度のことで不自由を感じるなんて、わかっていない」などと攻撃されてしまって、結局は「不自由感」を共有できる人たちでやけ酒を飲む、などということになっていると思います。

人間は完璧な存在ではありません。

ハラスメント教育を受けても、日常の一シーンでついハラスメント的なことを言ってしまう、という「うっかり」は当然あり得ます。それが「うっかり」であることに気づかない人すらいます。できるだけ自分が「うっかり」をやめるように努力することは基本ですが、それでも「うっかり」が出たときにどうしたらいいかを考えてみましょう。

自分がパワハラ認定予備軍だと思う人は、109ページでお話ししたように、相手の人格と行動を区別することがもっとも手をつけやすいでしょう。

部下への叱責が止まらない、ということは、それはすでにひとつの行動ではなく人格の領域に批判が及んでいるということ。

純粋に、ある行動だけのことで長い間叱責を続けることなどできませんし、「止まらない」ときには、必ず、「だいたいお前は」「〇〇のときも」など、過去のことや直接関係ないことまで引き合いに出しながら、相手の人格を批判しているものです。

ですから、「叱責が止まらない」という自覚があるのであれば、まずは「行動についてだけ注意しよう」と心がけ、止まらなくなってきたら「言いすぎた、すまなかった」と謝罪をするのがシンプルでしょう。

ついでに、ハラスメントに関連する「不自由感」についても考えておきます。

というのは、その「不自由感」が「被害者意識」につながってしまって、「感情的」になるのを招く可能性が高いからです。

例えば、パワハラを指摘され、「パワハラ、パワハラってうるさいんだよ！」などと爆発してしまったりするかもしれません。

「不自由感」は、おそらく、「え？　この程度がパワハラ？　そんな細かいことにこだわらなくても」という衝撃から始まるのだと思います。

もちろんその気づきは、自分の非を示すものですから、心身は「もう傷つきたくない」モードに入ります。

そして、「的外れな防御」状態に入ってしまうと「感情的」になってしまい、それを我慢することでよりいっそう「不自由」と感じるのではないでしょうか。

こんなときは「領域」を考えてみます。

「そんなに細かいことにこだわらなくても」というのは、あくまでも自分の領域内の意識ですから、相手の領域から見たときにそれが「細かいこと」なのかどうかはわかりません。

「そんなに細かいことにこだわらなくても」と感じている時点で、自分の感覚を相手に押しつけている、つまり、すでに相手の「領域」に入ってしまっています。これも「正しさ」をめぐる話と考えてよいでしょう。

ハラスメントの問題は「自分のほうが正しいのに」という思考を通して見てしまうと話がこじれてしまうのです。

あくまでも、それぞれの「領域」は「領域」。

自分も正しいけれども、相手の「領域」では別のことが正しいんだろうな、と考えてみましょう。

国際的な外交のことを考えれば、イメージできると思います。

ポイント

「そんなにこだわらなくても」は相手の領域を侵している

「許せない！」と思う自分を責めないこと

本章の最後に、「正しさ」と深い関係のある「許せない！」という気持ちを少しだけ見ていきます。「たしかに自分の正しさに振り回されたくないけど、でも、やっぱり許せないものは許せない！」と考える人も多いでしょう。

私は漢字の「許す」とひらがなの「ゆるす」を区別して使っています。

漢字の「許す」は一般的に使われているニュアンスに近く、「相手の不適切な行為を大目に見る」ということです。

しかし、「あの人があんなにひどいことを言ったのは、パニックになっていたからだから仕方がない」などと、いつも人を「許せる」わけではありません。

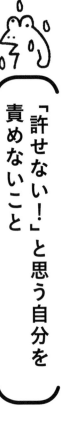

例えば、小さな頃に虐待を受けた人にとっては、その虐待は変わらぬ事実だし、とても大目に見られる性質のものではないはずです。

また、大切な人を傷つけられた（ひどい場合は殺された）、というような場合にも、「許す」ことは不可能でしょう。

しかし、許せないものを抱えて生きていくのはとても大変なことです。人生が、生きづらいものになるでしょう。

私は「ゆるし」についてのワークショップを開いていますが（お知らせした夜のうちに定員に達してしまうくらい、人気のワークショップです）、そこではまず、「何のことについて誰を許せないのか」、そして、自分の心に問いながら「許さないことで得ているもの」も書いてもらいます。

実は、このワークショップで目指しているのは、「許し」ではありません。ひらがなの「ゆるし」です。先ほど「許す」ことを「相手の不適切な行為を大目に見る」ことだとお話ししましたが、「ゆるし」はそれとはまったく違い、「相手のこと」はあまり関係ありません。

ひらがなの「ゆるし」とは、「自分はひどい目に遭ったけれども、本質は損

なわれていない」という認識に到達することで可能になるのです。

ひどい目に遭えば問題（症状）が起こりますし、それについては対処していく必要がありますが、しかしそんな中でも、優しくて温かい「本来の自分」を感じることはできます。それを信じることができれば「ゆるし」のプロセスを進めやすくなります。

駆け足で「ゆるし」についてざっとお話ししましたが、ここでは漢字の「許し」と、ひらがなの「ゆるし」は違うということを頭の片隅に入れておいていただきたいと思います。

多くの人が漢字の「許し」ができなくて、自分を責めています。

しかし、「自分の本質は何ら損なわれていない」という感覚に達することができれば、「ゆるし」を得られる日は必ず来るのです。

ポイント

「許し」は無理でも「ゆるし」の感覚は持てる

第5章

「つい感情的になってしまう！」がなくなる7つの習慣

【習慣1】自分の体調を把握しておく

本章では普段からできるだけ心を平和に保つために何ができるか、「感情的にならない習慣」をご紹介していきます。

ここまで「感情的」になる心の仕組みとその対処法についてお話ししてきましたが、いくら仕組みや対処法を知っていても、機嫌や体調などの影響で「つい感情的になってしまう」場合もあるでしょう。

例えば、「感情的になっている人」の代名詞が「酔っぱらい」でしょう。

酔っている人は、感情的にからんできたりして、周りの人を困らせる場合も少なくありません。また、DVが起こるのも飲酒時である場合が多いもの。それ以外にも、「酒の勢いで」などと言われることもいろいろありますね。

なぜ人は酔うと「感情的」になりやすいのでしょうか。それは、アルコール

によって抑制が利かなくなり、感情と思考のバランスが変わってしまうからです。

私たちは通常、自分の感情をそのまま表現しているわけではなく、「こういう言い方をすると迷惑だろうな」などと相手のことや状況を考えて、最終的に何を表現するかを決めています。

しかし、飲酒によって思考力が鈍ってしまうと、抑制がかかりにくくなります。また、感情をエスカレートさせる「感情的思考」に突っ込んでいく自分を止める力も弱くなっていますから、決めつけがちになったりもします。

似たようなことは、疲れによっても引き起こされます。

多くの人が、夜「感情的」になった経験があるのではないでしょうか。いろいろなことを考えていると気弱になって、死にたくすらなる。でも、ひと晩眠ると案外リセットされているものです。

これは、夜になると思考する部分の脳が疲れてしまって、抑制力がなくなり、「感情的思考」から抜け出しにくくなる、ということだと言えます。

夜になるといろいろ考えてしまって死にたくなる、という方には、薬を使ってでもとにかく睡眠をとることをお勧めしています。

脳が疲れた時間にどれほどがんばっても、たいした意味はないからです。

なお、「抑制がとれて感情がむき出しになる」と言うと、「つまりそちらが本音ということですね」とおっしゃる方もおられますが、それは違います。

私たちは感情と思考の両方を持ち合わせる存在であって、感情をどのように表現するか、あるいは表現しないでおくか一生懸命「思考して」いるのです。その思考にも当然個性が現れますから、感情だけが本音というわけではありません。ですから、きちんと思考して「これなら表現できる」と思ったものが、「本当にその人が言いたいこと」だと言えます。

以上、飲酒、疲れと「感情的」になる要因を見てきましたが、それ以外に、ホルモンのアンバランスも「感情的」を引き起こす可能性があります。

月経前にイライラしやすくなる人もいると思いますが、その気分の変化がそれなりに重症であれば、「月経前不快気分障害」と診断され、精神科治療の対象になります。それほどでなくても、月経の前後に気分にむらが出るのは珍しいことではありません。

飲酒はアルコール依存症的な状態に陥っているのでなければ自分でコントロールできます（できない場合は、ぜひ自助グループなどに参加してください）。しかし、疲れや月経周期などはどうすることもできない部分があります。「感情的にならない体調作り」としては、疲れているときや月経前には自分が「感情的」になりやすいと自覚しておくだけでもかなり効果があります。

また、周囲の人に「今は要注意」と伝えておくことも有効でしょう。

ポイント

思考の抑制が利かなくなるタイミングを自覚する

【習慣2】「相手の問題」だととらえる

簡単なことにキレてしまう場合は、何か要因があるはずです。それが何かを探っていくことで、簡単にキレない自分に変わっていけるでしょう。

【例】電車で足を踏んできて謝りもしない人がいて、キレてしまった

まず、足を踏まれた時点で、こちらとしては「困っている」ということになります。さらに、相手が謝りもしない、というところで「すごく困っている！」になるでしょう。

ですから、イラッとするのは当然の感情です。これは予定狂いでもあり、自分の身体への暴力でもあります。

しかし、イラッとしただけではなくキレてしまうのであれば、プラスアルフ

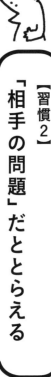

アの問題があるのでしょう。

「謝りもしない」というところを考えると、「自分はバカにされているのではないか」「自分は尊重されていないのではないか」という「感情的思考」が、単なる感情を「感情的」にまでエスカレートさせている可能性もあります。

とくに、日ごろから「自分は尊重されていない」と感じている自己肯定感の低い人は、「いつも自分は損ばかり」などと、「被害者意識」が膨らんでいくため、これは本当に要注意です。

そんなときは、この問題を相手の「領域」の問題としてとらえ直すようにしてください。

具体的には「(自分は)何てツイていないんだろう」「(自分は)ナメられているんだ」などと自分中心にとらえるのではなく、「人の足を踏んでおいて謝らないなんて、よほど余裕のない人なのだろう」「慣れない混雑した電車に乗ってパニックになってしまったのではないか」などと、相手の状況に思いをめぐらせてみるのです。
実際、その人はなぜ謝らないのか、踏んだことにそもそも気づいているのか、このあたりは本人に聞いてみないとわからないことですよね。

「感情的」になりやすい人は、日ごろから「被害者意識」が強いと言えます。

「ムカッ」とくるたびに、「どうして自分だけいつも」など「被害者意識」にとらわれていくのではなく、「足を踏まれて痛かったけど、あの人が謝らないのは、自分とは関係ない。よほど余裕がない人なんだろう」と、自分にはわからない相手の「領域」の話としてとらえる習慣をつけておくと、「被害者意識」から抜け出す助けとなります。

ポイント
「どうして自分だけいつも」という被害者マインドをやめる

【習慣3】「親友ノート」を書く

「感情的にならない習慣」を考える上で、「自己肯定感」はとても重要なポイントになります。

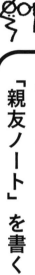

自己肯定感については他の本にも書いてきましたので、ここでは簡単なおさらいとトレーニング法を考えてみたいと思います。

自己肯定感を高めるトレーニング、と言っても、魔法があるわけではありません。また、前述しましたが、自己肯定感は「自分の好きなところを探しましょう」などという「ポジティブ思考」とも関係ありません。

逆にこうした「とりあえずポジティブ思考」タイプの人は、いずれ燃え尽きや脱落につながってしまうかもしれません。それがますます自己肯定感を低くしてしまうでしょう。

日頃の取り組みとしては、まず、とにかくありのままの自分を否定せずに認めることです。そのためには自分の感情を認識することがとても役に立ちます。

イラッでもモヤモヤでも、何か感情が湧いたらノートに書いてみましょう。

【例】 定食屋のカキフライを食べたら臭かった。悪くなっているかもしれないとお店の人に伝えたら「みんな普通に食べていますよ!」ときつく言われた。食べないで出てきたけれど、ムカムカが止まらない

こんなときは、以下の2つのステップが有効になります。

ステップ① ノートにありのままの気持ちを書く

例えばこんなふうに書いていきます。

・楽しみにしていたカキフライが臭くて悲しい
・お店の人が私の言ったことを信じてくれなくてくやしい
・逆にクレーマーみたいな扱いをされてムカムカする

ステップ②　親友だったら何を言うかを書いてみる

自分が自分の親友の気持ちで眺めてみると慰めの気持ちが湧いてくるのではないでしょうか？　その気持ちもそのまま書いていきます。

・ええ？　それ信じられない。どういうお店？　ひどすぎるよね。
・ムカムカしていると自分が損だから、今度私と別のお店に行こうよ。カキフライ、おいしいもんね。

私はこれを「親友ノート」と呼んでおり、『それでいい。実践ノート』として出版もしており、今では多くの方に使っていただいています。

もちろん専用のノートではなくお手持ちのノートでもいいので、

「気持ちを書いてみる」

↓

「親友だったら何と言うかを書いてみる」

という習慣をつけてみてください。

これだけでずいぶん違ってきます。

このノートをつけることで、それまでほとんど無視されてきた、「最初の感情」（「感情的」ではなく、感情のほうです）を生かせるようになり、結果として自己肯定感も高まっていきます。

ポイント

「最初の感情」を見逃さない

【習慣4】「私」を主語にして考える

111ページで、「私」を主語にして伝えると、お互いの「領域」を守りやすい、ということをお話ししましたが、これを応用して、「私」を主語にして思考するクセをつけておくと、「感情的」になりにくくなります。

例えば、ひどいことを言われたとき「（あの人は）私をバカにしている！」と思うよりも「（私は）傷ついたんだな」と思うほうが抜け出しやすくなるのです。

151ページで「何かトラブルがあったら、自分が被害者だと考えるより、相手の問題として考えたほうがいい」とお話ししましたが、「最初の感情」に関しては、「私」を主語にして、きちんと「自分の領域」の問題としてとらえたほうが有効です。

これは、前項でお話ししたように「書いてみる」のが一番です。

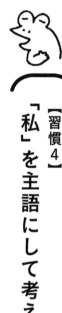

「私」を主語にしたひな型を作っておいてもよいかもしれません。

こうして「私」を主語にして考える習慣をつけていくと、「被害」と「被害者意識」の区別がつきやすくなります。

当然ですが、ひどいことを言われたら「被害」はあります。

これは否定しても仕方のないことです。

しかし、そのことと「被害者意識」を持つのは別のことです。

「(私は)傷ついたんだな」をまずは「被害」と受け止め、「どうして自分だけいつも……」と「被害者意識」に発展しそうになったら、それも書き出して、「そういう気持ちにもなるよね」と親友コメントをつけてみます。

すると、「どうして自分だけいつも……」は絶対的真実ではなく、衝撃を受けたときのひとつの感じ方にすぎないことに気づけるでしょう。

「私は」を主語にして思考するということは、つねに自分の「領域」に責任を持って生きるということです。こうすることで成熟した大人同士の関係が作れますし、自分自身に被害者意識をため込むこともなくなります。

「被害」はいろいろな場面で起こります。

その「被害」と「被害者意識」を区別することはとても重要です。なぜなら、「被害者意識」は、自分をとても無力化するからです。

現実的な「被害」は認識しつつも、「被害者意識」は手放す。

できるだけ繰り返すことで、この意識を身に着けていきたいものです。

ポイント

「被害」と「被害者意識」を分けて考える

【習慣5】「べき」ではなく「したい」で生きる

人を「感情的」にさせる考え方のひとつに「べき」思考があります。「○○すべき」「××であるべき」といった「べき」思考が、人をよりいっそう「感情的」にしていきます。

なぜなら、「べき」で生きることとは、「人間は○○すべきなのに、あの人は守っていない」など自分の「正しさ」を押しつけてしまいかねないからです。

その奥にあるのは、「自分は無理してでもやっているのに」という被害者意識でしょう。ですから、「べき」で生きないほうがずっとうまくいきます。

しかし、こう言うと、

「べきで生きないということは、その辺にゴミを散らかしたり、約束を平気でやぶったり、列に割り込んだりしてもよいっていうこと?」

と考える人もいるでしょう。そうではありません。

「べき」ではなく、自分の美意識で考えてみるのです。私たちは100パーセント「べき」のために、ゴミを散らかしたり列に割り込んだりしないわけではありません。多くの人はこれらの行動を「みっともない」ととらえるはずです。なぜなら、「美しく生きていきたい」という思いがあるからです。

「生活環境をきれいにしたいから、ゴミを散らかさない」

「他の人を尊重して温かく生きていきたいから、列には割り込まない」

など、「べき」ではなく「したい」を意識すること。


普段「べき」に基づいて行動している人は、それを「したい」に変えるだけで、ぐっと自己肯定感が高まり、「感情的」にもなりにくくなります。

ポイント
いつも「したい」という気持ちにフォーカスする

【習慣6】その場から離れる

本書では心の「領域」の話をしてきましたが、「感情的」になりそうな場合、物理的に距離をとることもとても大切です。

【例】彼とのケンカで感情的になってしまい、別れ話を切り出された

「別れ話を切り出される」というのは、とてもショックなことです。

とくに自分が「感情的」になって自己コントロールできていない状況下では、そのショックはさらに大きく感じられるでしょう。

この【例】では、「彼と別れるかどうか」などとすぐに考えを進めるのは避けたいもの。まずは「感情的」になっている現場から離れることが大切です。

「彼との関係をどうするか」は冷静になってからです。

別れ話を切り出されて「こっちこそ別れてやる」「何てひどいことを言うの！」と「感情的」になっても、いずれにしても後悔するだけでしょう。

冷静なときの判断ならまだしも、「感情的」になっているときの判断は、どうしてもよい結果にならないからです。

しかし、たった今までケンカをしていて、さらに別れ話を切り出した彼と一緒にいて、冷静になれるわけがありません。

その場にいては、彼という存在そのものが、自分への刺激になってしまい、「感情的になるな」と言われても、いっそう「感情的」になってしまうでしょう。

こんなときには、とりあえず「ちょっと考えさせて」と言ってその場を離れること。

その場から離れるだけで、彼から受ける刺激がなくなり、落ち着いてくる可能性もあります。

このように、その場にいると感情が共鳴し合ってどんどん大変なことになってしまう場合は、単にその場を離れるだけで冷静になれることもあります。

もちろんそう簡単にはいかず、どんどん感情の深みにはまっていくようであれば、ここまでにお話ししてきた対処法を参考に、自分を「感情的」から守ってください。

今お話ししたのは、まさに物理的に「感情的のモト」から離れる、ということですが、同じような作業を心の中ですることもできます。

本章の最後に「心のシャッターの閉め方」をお話ししましょう。

ポイント

その場に一緒にいないことが最善策の場合も

【習慣7】「心のシャッター」を下ろす

「感情的」になるのは、根強いコンプレックスや深い心の傷を反映している場合も多いので、「感情的にならない」ことばかり意識すると、変な我慢につながってしまい、よりいっそう「感情的」になってしまいかねません。

実は「感情的にならないようにする」ことよりも、「自分が感情的になりそうな状況を知っておく」ほうが効果的です。

私は「感情的」になるきっかけを「自動スイッチ」と呼んでいます。例えば、

・仕事の成果について聞かれると自動スイッチが入ってしまう
・列の横入りなど「不正」を見ると自動スイッチが入ってしまう

・親に文句を言われると昔のトラウマで自動スイッチが入ってしまう

こんなふうに「自動スイッチ」が入るテーマは人によって違うでしょう。

まず、自分は何によって「自動スイッチ」が入ってしまうかを把握しておくこと。そして、その状況に直面したら、とりあえず「心のシャッター」を下ろしてしまうのです。「心のシャッター」というのは、要は、見ないようにすること。あえて意識の外に出し、自分の世界から消してしまうことです。

この「あえて」がポイントです。

「逃げるのか」と思う方もおられるかもしれませんが、人にはいろいろな事情があり、どんな状況でも「感情的にならない」、などということはできません。

「感情的にならない」ためには、こんなふうに「今できることには力を尽くし、今できないことは受け入れる」しかないのです。

ポイント

自動スイッチが入りそうな状況からは逃げていい

第6章
どうする？
「感情的な人」とのつき合い方

「パワハラ上司が怖い」場合は？

ここまで、自分が「感情的」になることへの対処法を見てきましたが、最後に「感情的な他人」とどうつき合うかを見ていきます。

そもそも「感情的な人」は扱いが難しいこともありますし、ついつい自分まで一緒に「感情的」になってしまうこともあります。他の人の「感情的」に巻き込まれない方法を考えていきましょう。

【例】仕事がうまくいかず感情的になった上司が怖い

困った上司ですね。転職できればそれに越したことはないでしょうが、そうもいかない場合もあるでしょう。また、どんな職場にもこのタイプの人はいると思いますので、対応策をお話しします。

ここでお伝えしたいのは、この上司は、「自分にとって困った人」であると同時に、「困っている人でもある」ということです。

とくに余裕のない人は、仕事がうまくいかないことで容易にパニックになります。そして、これはいつも申し上げることなのですが、「上司＝人格者」ではありません（もちろん素晴らしい上司もいらっしゃいますが）。

この場合は、たまたま上の職位に就いただけの普通の人間ととらえること。普通の人間が上司になると責任の範囲も増えますので、実はパニックになりやすくなるのです。そして、「どうしたらいいかわからない！」という状況になると、人のせいにしたくなって部下を責め立てることもあります。これは自分の立場を利用した嫌がらせですから、当然パワハラと呼べるでしょう。

パワハラ的になっている上司は、一緒にいるだけで怖い存在です。人の心を病ませてしまうほどのパワハラであればきちんと職場で対応する必要がありますが、それとは別に、そうした上司に対面した場合、自分の心をどう保つか、その方法を見ていきます。

まず、今もお話ししましたが、「感情的」な上司は、「ただの困っている人」だととらえます。

彼は実はとても弱い存在なのです。

職権は上だし、上から目線で怒鳴ってくるし、というところを見れば上司のほうが強いと感じられるかもしれませんが、どんな上司も、「感情的」になるとしたら例外なく弱い存在です。実際に、パワハラ的な言動が多い人がうつ病になりやすいなどという事例も多く見られます。

ですから、この上司と過ごさなければならない間は、「自分の感情の扱いも知らない、ただの困っている人」と見るようにしてください。

その上で、八つ当たりをされ、責め立てられるようなことがあれば、とりあえずは「すみません」と言っておきましょう。

「なぜ、八つ当たりされたのに謝らなきゃいけないんだ！」と思われるかもしれませんが、これは詫びるという行為ではありません。

「正しさ」のところでもお話ししましたが、これは自分と上司とどっちが正しいか、という話ではないのです。

「正しい、正しくない」の話でしたら、たしかに「詫びたほうが間違ってい
る」ということになるかもしれませんが、八つ当たりは、「正しい、正しくな
い」の次元に達していない、という見方をします。ですから、ここでの「すみ
ません」は謝罪ではありません。

**これは、「理不尽な八つ当たりをするくらい困ってしまっているかわいそう
な人」に対する「お見舞い」の「すみません」です。**

お見舞いの「すみません」は、パワハラから自分の心を守るための知恵でも
あるのです。

ポイント

とりあえず「すみません」と言っておく

とっさの「言葉の暴力」には？

「感情的」な人は「感情的」になるだけではなく、とっさに暴力的な言葉を投げつけてくることもあります。どう対処したらいいのでしょうか。

【例】 飲み会の席で仕事の話で言い争いに。感情的になった同僚が「ていうか、お前って顔面偏差値は30だよな」などと仕事とは関係のないことを言い出した。飲み会の席だし、いまさらそいつに何を言っても仕方がないけど、ムカムカが止まらない

「感情的」な人に巻き込まれて、自分も「感情的」になる典型的なケースです。

こんなひどいことを言われたら、頭にきて当然でしょう。

あとからムカムカが止まらない、というところから見るに、その場は笑いで

ごまかしてしまったのでしょう。あるいはびっくりして固まったままだったのかもしれません。

146ページでお話ししたように、酔っている人は「感情的」になりやすいので、その場できちんと反論、ということも難しいと思います。

とはいえ、ムカムカが止まらない今の自分をどうしたらよいでしょうか。

まずは、ひどい衝撃を受けた自分をいたわりましょう。

こういうときには、「相手をどうしてやろうか」ということばかり考えてしまうものですが、自分の心を適切に守るためには、「私」を主語にして、「今ムカムカしているね」とありのままの感情を受け止めてください。そして、「あんなにひどいことを言われたらムカムカして当然。それにしても、ひどい目に遭ったね」と自分をいたわってあげてください。

これだけでも「感情的思考」に入らないですむ場合があります。

その後、「自分が言われた」のではなく「相手が言った」というところだけに注目していけば、相手の領域内の話として手放しやすくもなると思います。

しかし、それでもムカムカが止まらないとしたら、「感情的思考」がある証拠です。「何であんなひどいことを言われなければならないんだ」「自分がバカにされた」というような思考があるのかもしれません。

また同時に、その状況をもっとうまくやりくりできなかった自分についても「もっとうまくやるべきだった」と考えている場合があるでしょう。

実は、あらゆる「感情的」な場面には、どんなに他人から理不尽な扱いを受けていたとしても、他人だけではなく、「自分」も関連しているものです。

ひどいことを言った相手を怒るだけでは、そんなに長い時間怒っていることはできません。「ひどいことを言った相手」と「ひどいことを言わせてしまった（その場でうまく対処できなかった）自分」がセットになって、「感情的」な状態が続くのです。

相手に関連した部分は、今さらどうこうできない場合もありますし、反論したらもっとひどいことになる場合もあるでしょう。

しかし、「自分」についての部分は、自分で何とかできます。

どういうふうに考えるか、というと、「そんなにいきなりひどいことを言われたら、瞬時に冷静かつ適切な反応をするなんて、無理」という思考を意識してください。「もっと何とかできたはず」と思うから、「感情的」な状態が続くのです。

突然ひどい目に遭って何も言い返せなかった、というのは、誰だってそうなのです。ですから全体を「本当にひどい目に遭った」と考えて、自分をいたわるようにすると早く抜け出せます。

ポイント

冷静になれない自分を受け入れる

知らない人から突然キレられたら？

先ほどの例は知り合いが「感情的」になったパターンですが、知らない人から突然、キレられることもあるでしょう。

【例】電車でリップを塗っていたら、隣のおじいさんに「なんだそれは！はしたないだろ」とキレられた。デート前なのに気持ちを立て直せない

知らない人にキレられたところで、通常ならただの「うるさいおじいさん」ですみそうですが、この場合なぜ気持ちを立て直すのが難しいのでしょうか。

それは、自分の中にもおじいさんと同じ「べき」思考があるからだと言えます。

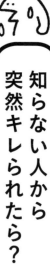

実際自分も「すべきではない」ことをしたという気持ちがあるので、そこを刺激されて「感情的」になってしまうのです。

突然、知らない人から批判されるというのはものすごく衝撃的なことですが、それに加えて、自分自身が「すべきでない」と思うようなことをしていたわけですからかなりショックでしょう。

つまり、自分に突然キレたおじいさんへの不快さに加えて、「おじいさんにつけ込む隙を与えた自分」に対する不快さもあるため、気持ちを立て直せないのです。

ひとつひとつ整理してみましょう。

まず、おじいさんの「はしたないだろ」という言葉に注目します。

電車内での化粧をどう感じるかはその人次第です。

「よいこととは思わないけれど、それほど余裕がないのなら仕方ないんじゃない？」とあえて気にしないようにしている人も多いと思います。

そういう、何か事情があるかもしれない相手に対して「はしたない」とだけ決めつけるのは、とても暴力的な行為です。自分も心のどこかで「はしたないかもな」と思っていても、です。

なぜなら、このおじいさんは「領域」を侵害しているからです。

だから、言われたほうが怒りを感じるのは当然です。

まずは「怒りを感じるのは当然だよね」と自分の気持ちを受け入れます。

この例のもうひとつのポイントである、「自分の中の『べき』」を考えてみます。おじいさんに怒られて感情的に反応している、ということは、「電車でリップは塗るべきではない」という価値観が自分の中にもあるということです。

おじいさんがこちらの「領域」を侵害してきたのはもちろんだけれど、そこに「自分もやるべきではなかった」という思いがあって、不快感が強まってしまっている。そう現状を受け止めます。そして、再度冷静に考えてみます。

ここでリップを塗るのは自分にとって必要なことだったし、誰かに迷惑をかけたわけでもない。犯罪行為でもない。単におじいさんがその状況を不愉快と思っただけだろう。


こんなふうに考えられれば、気持ちを立て直すこともできますし、それはそれとして、「これからは、できるだけ電車でリップを塗るのはやめよう」と考えられるかもしれません。153ページでお話ししたように、「ノート」を使うことも有効でしょう。自分が自分の親友の役を演じて、

「知らないおじいさんに突然キレられてびっくりしたよね」

「あのときの自分は本当に時間がなかったのだから仕方ないよ」

「電車のリップで、あそこまで言う人がいるなんて知らなかったよね」

などと優しい言葉をかけることで、気持ちを素早く立て直すこともできます。

ポイント
相手の言葉が正論でも、自分をちゃんと慰める

SNSでのトラブルには？

ここまで、リアルな人間関係について見てきましたが、もちろんネット上で「感情的な人」に遭遇することもあるでしょう。

【例】何の気なしに書いたひと言でSNSが炎上してしまった

SNSは「感情的」になった人たちが集いやすい場です。通常であれば「感情的になるのはみっともない」という意識を持つ人も、匿名で発言する場合、それが見失われがち。また、他の人の「感情的」なコメントによって衝撃を受け、さらにコントロールの利かない「感情的」なコメントをする「伝染」傾向もあるでしょう。

何かの拍子でワッと炎上してしまうのは、そんなパターンだと思います。

こんなとき、よく出てくる言葉のひとつに「不謹慎」があります。

例えば、隙あらば誰かに文句を言いたい人、または、特定の人たちを支持していて、その人と敵対している人を攻撃したい人……こうした人たちが炎上するのは理解できます。

こうした人たちのことは「そういう人たち」と見ていくのが妥当。私もそういう場合は「暴風雨がやってきた」という感じで眺めることにしています。そして、できるだけ暴風雨を招かないような表現を心がけています。人の「被害者意識」を刺激することは極力言わないなどです。

しかし、災害など緊急事態が起こったときに、普段はそうでもない人たちが「不謹慎！」と炎上することがあるのです。

こういう場合は、相手に非がないように見えるので、炎上されたほうは困惑します。なぜ、一見善意の人たちが、炎上してしまうのでしょうか。

考えられるケースとしては、例えば災害などのニュースで、その人自身が衝撃を受けて傷ついてしまったからです。

そんなときに、何となくのんきなことを言っている人たちを「許せない！不謹慎！」と感じてしまうのです。

このような事態は、「自分のSNSが炎上した！」と見るよりも、それだけ多くの人の心の傷に触れたのだ、と見るのが妥当でしょう。

ここでも「怒っている人」は「困っている人」という原則は同じです。

自分自身が不謹慎かどうかというところにとらわれてしまうと、「正しさの綱引き」に入ってしまいますし、その中で不要な傷を負ってしまうかもしれません。それぞれが「正しい」のですから、ここはある場面での自分のあり方が、他の人からは「不謹慎」と見られたととらえます。謝罪まで必要かというと違うような気がしますが、お見舞いの「すみません」くらいは言っておいてもよいのかもしれません。もちろん、SNSは自分が好きなように活用してよいわけですから、そのまま放置もベスト対処のひとつだと思います。

ポイント
「正しいかどうか」ではなく、相手を「傷ついている人たち」と見る

感情的なクレーマーには？

「感情的な人」の中には、例えば「クレーマー」「モンスターペアレント」と言われる人もいます。

【例】仕事でクレーム対応をしているが、感情的な人が多く、自分がいつ爆発してしまうか不安

すでに「クレーマー」「モンスターペアレント」という呼称がついているように、その人たちは「やっかいな存在」と思われています。

怒りという感情は、「自分は困っている」ことを示す、ということを18ページでお話ししましたが、実は「クレーマー」や「モンスターペアレント」こそ、「困っている人」なのです。

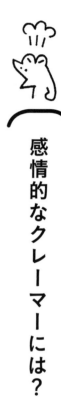

クレーマーは実際何かがうまくいかなくて困っているわけですし、いわゆる「モンスターペアレント」は、子育てでうまくいっていないところを「学校のせい」と主張しているパターンも多いのです。

「自分はバカにされているのではないか」「自分は尊重されていないのではないか」という「感情的思考」も強いと思います。

そういう人に対して、「私こそ正しい。あなたは間違っている」という姿勢で接してしまうと、「正しさの綱引き」になってしまいます。

どちらもぐいぐい綱を引きますから、勢いはエスカレートしてお互いが消耗しますし、対立構造がさらに際立ってしまいます。気持ちのよい解決にはつながりません。どちらにとっても大変ストレスフルなことです。

この場合有効なのは、「困っている相手の話を聴いてみる」という姿勢です。

「勉強になりますから、もっと教えていただけますか？」と低姿勢に頼むと、相手の勢いも弱まり、「言いすぎて悪かった」となる人もいるでしょうし、子育ての不安を率直に打ち明けてくれるなどということもあるでしょう。

繰り返しになりますが、「感情的な人」に対応するには、「正しさ」を手放すことが必要です。

とはいえ、それは決して「自分が間違っている」と認めることではありません。「どちらが正しいのか、という次元でのやりとりをやめる」ということなのです。

ポイント

「聴かせてください」という対応が効果的

非定型発達の人の激しい怒りには？

「感情的になりがちな人」は様々な事情を抱えています。例えば、トラウマ（心の傷）。「なぜ、こんなことに感情的になるの？」という場合、その「こんなこと」が１６５ページでお話しした「自動スイッチ」だったりします。

トラウマによるものと少々区別が難しいのは、非定型発達の人の怒り方です。

非定型発達とは、知的な遅れはないものの発達のかたよりや変わった特性を持っている人たちのことで、代表的なものに「ＡＳＤ（自閉スペクトラム症）タイプ」や「ＡＤＨＤ（注意欠如・多動症）タイプ」があります。程度はそれぞれで、社会生活が困難になると、「発達障害」と診断されることになります。

ＡＳＤタイプもＡＤＨＤタイプも、自分が注意を向けていることに全神経を奪われてしまうという特性があります。

例えば、思ってもみない方向から変化球を投げられると、「奇襲だ！」とばかりに衝撃を受け、反撃態勢に入ってしまうのです。

もしも、「何でこの人はこんなに感情的になるの？」と思うときには、「もしかしたら非定型発達なのかも」と考えてみてください。

考えたからといって相手の行動が変わるわけではないのですが、だいたいの原則がわかっていれば、ずいぶん違います。一見、期待外れの行動をされても、「ああ、でもここはがんばったんだな」と感じることもできます。

非定型発達の人は、かたよってはいるものの、自分なりの理屈があります。そこを無視したり全面的に否定したりすると「自分が否定された！」と怒ってしまいますが、本人のこだわりに沿う形で相談していくと、案外力がある人たちだと気づけるはずです。非定型発達の人は基本的にとてもまじめですから、可能な課題を与えれば、本当に見事な仕事をしてくれます。

ちなみに、2019年9月に、国連本部での気候行動サミットで地球温暖化について鋭く、怒りに満ちたスピーチをしたグレタ・トゥーンベリさんも非定型発達（ＡＳＤタイプ）であることを公表しています。彼女のスピーチは多くの人に影響を与えましたが、あそこまではっきりと言い切れるのは、彼女が非定型発達だからです。

非定型発達の人の中には、どうしても「白黒はっきりさせないと気が済まない」という人が少なくありません。グレーゾーンが苦手なのです。

この特徴を自他ともに知っていれば、「私は白黒はっきりしていないことが苦手」と相手に伝えることもできますし、相手側でも、それが「傲慢な決めつけ」なのではなく、相手が現実に対処しながら生きるためのひとつの方法なのだと理解することができ、傷つかずにすむでしょう。

ポイント

非定型発達の特徴を知っておけば、自分が傷つかずにすむ

おわりに　自分の強さに気づくだけでいい

「感情的」になることは、自分を弱い存在にしていくだけだ、ということは本文でお話ししてきました。

私は、人間とは本来強い存在だと思っています。もちろん心を病んだり、一時的にへこんだりしますし、決して完璧な存在ではありません。

しかし、長年多くの患者さんを診てきて、「人間には力がある」ということを実感してきました。

誰がどんなにイヤなことをしてきても、もちろんそれに応じた「症状」は出るのですが、本質である強さは変わりません。むしろ、「症状」が出るということは、それだけ自分を守る強さがある、とも言えるのです。

「感情的」になっているときの私たちは、自分の強さをまったく無視しています。「こんなに自分は正しい」ということを主張して、周りのお墨つきを得ようとしているとも言えるからです。

でも、人間は本来強い存在ですし、温かい存在です。余裕がないとそうもいきませんが、余裕があるときの人間はとても温かいのです。余裕がないときですら、そこには「一生懸命がんばっている」姿を見て取ることができます。「感情的」の問題に取り組んでいくということは、自分の感情を知り、自分の強さを知るプロセスでもあります。

よくわからなくなってしまったときは、「それでも自分の本質は強くて温かい」と立ち位置を再確認してください。

ひとりでも多くの方が、ご自身の強さを知って、「感情的」になって自分をコントロールできず事態に振り回されることがなくなるよう、心から願っております。

水島広子

水島広子 | みずしま ひろこ

慶應義塾大学医学部卒業・同大学院修了(医学博士)。慶應義塾大学医学部精神神経科勤務を経て、2000年6月〜2005年8月、衆議院議員として児童虐待防止法の抜本的改正などに取り組む。1997年に共訳『うつ病の対人関係療法』を出版して以来、日本における対人関係療法の第一人者として臨床に応用するとともに、その普及啓発に努めている。現在は対人関係療法専門クリニック院長、慶應義塾大学医学部非常勤講師(精神神経科)、対人関係療法研究会代表世話人。主な著書に『自分でできる対人関係療法』『トラウマの現実に向き合う』(創元社)、『拒食症・過食症を対人関係療法で治す』『「消えたい」「もう終わりにしたい」あなたへ』(紀伊國屋書店)、『怖れを手放す』(星和書店)、『女子の人間関係』(サンクチュアリ出版)、『自己肯定感、持っていますか?』(大和出版)、『「毒親」の正体』(新潮新書)などがある。

「つい感情的になってしまう」あなたへ 

2020年3月30日　初版発行
2023年9月30日　4刷発行

著　者　水島広子
発行者　小野寺優
発行所　株式会社河出書房新社
〒151-0051　東京都渋谷区千駄ヶ谷2-32-2
電話　03-3404-1201[営業]　03-3404-8611[編集]
https://www.kawade.co.jp/

ブックデザイン　白畠かおり
イラスト　森ゆみ子
企画・編集　御友貴子

印刷・製本　図書印刷株式会社

Printed in Japan
ISBN978-4-309-02875-0